ポピュリズムの仕掛人

SNSで選挙はどのように操られているか

ジュリアーノ・ダ・エンポリ
林 昌宏 訳

白水社

ポピュリズムの仕掛人——ＳＮＳで選挙はどのように操られているか

Giuliano DA EMPOLI : *LES INGÉNIEURS DU CHAOS*

Première édition : mars 2019.
This book is published in Japan by arrangement with éditions Jean-Claude Lattès,
through le Bureau des Copyrights Français, Tokyo.

「善人なら頭にも浮かばないことを思いつくのが悪人だ」

ウディ・アレン

【目次】

はじめに

一七八七年二月一九日、ゲーテはローマにいた。前年の夏の終わりからローマに滞在していたゲーテは、旧市街を貫くコルソ通りにある何の変哲もないアパルトマンに居を構え、人目を気にすることなく窓から路上の喧騒《けんそう》を眺めていた。ドイツ文学の神童、ワイマール大公の私設顧問、ワイマール公国の鉱山と交通網の責任者として活躍してきた詩人ゲーテは、無期限の休暇をとり、これまでの人生において欠如していたものを求めて永遠の都ローマにやってきた。己《おのれ》の時間を好きに使うという念願の自由を手に入れたのだ。

『若きウェルテルの悩み』の出版以降、行く先々でこの本の愛読者たちに煩《わずら》わされてうんざりしていたゲーテは、ジャン＝フィリップ・メラーという画家だと自身の身分を偽り、しばらくの間、平穏な暮らしを送っていた。

この日、外がいつもよりも騒がしいことに気づいたゲーテは、窓から身を乗り出すと驚くべき光景を目にした。近隣の建物のバルコニーには、椅子に腰を下ろした人びとがいた。馬車の扉の前には、敷物に座る人びとがいた。コルソ通りが突如として大広間のようになったのだ。路上では、逆走する馬車が次々と現われ、大混乱が生じていた。奇妙な格好をした人びとが登場しはじめた。「化粧した若い男性たちは、下層階級の女性が身につける胸元の開いた晴れ着をまとい傍若無人に振る舞っていた。彼らは、周囲の男たちに抱きつき、女性たちに無遠慮に接し、勝手気ままに振る舞っていた」。同様に「女性も男装して悦に入っていた」。ゲーテはこの光景に釘づけになった。群衆には二つの仮面を前後につける人物もいた。「どちらが前面で、どちらが背面なのか。その人物が前進しているのか、後退しているのか、見分けがつかない」。

カーニバルが始まったのだ。性別だけでなく、社会階級など普段の暮らしを司る社会的な秩序を覆す祭りがカーニバルだ。ゲーテは次のように記している。「合図さえあれば、誰もが傍若無人に振る舞うことができる。棍棒《こんぼう》や刃物を振り回すこと以外、ほとんどの振る舞いは許される。社会的な格差は一時的に解消されたように見える。人びとは分け隔てなく接し、どんなことにも鷹揚《おうよう》な態度で応じる。群衆は上機嫌であるため、最低限のバランスは保たれている」。

カーニバルでは、馬車の御者は領主に、領主は馬車の御者に変装する。人びとはチョークや粘土片を誰彼構わず投げつける。よって、投げつけられたチョークや粘土片で全身が真っ白になった男たちが次々と現われる。この攻撃からは誰も免《まぬか》れない。普段は崇拝の対象である黒服姿の司祭も例外ではない。とくに、ルスポリ宮周辺では高貴な家族のメンバーが集中砲火を浴びる。同時に、別の場所では数百人のプルチネッラ〔道化師〕が王を選出する。王冠を授かり、王杖《おうじょう》を持った王を乗せた小さな山車《だし》は、群衆の歓声を浴びながら音楽に合わせてコルソ通りを行進する。

群衆はこうした光景に満足げだ。だが、ゲーテは「目に余る行為もある。群衆が各自の感情や憎悪を解き放つ姿を目の当たりにするのは恐ろしいことだ」と記している。さらには、コルソ通りで行なわれる競馬での「表沙汰にならない数多くの深刻な事故」についても言及している。それは「祭りは暴力と表裏一体」というカーニバルの暗い一面であり、この暗部にこそカーニバルの破壊力が宿っているのだ。この一面によってカーニバルの参加者たちは、実際の出来事の本質に関して疑問を抱くようになる。カーニバルという特殊な祭は、群衆文化の灰のなかでくすぶる抑えがたい情念の発露だ。ゲーテも指摘するように、カーニバルは当局が群衆に提供するのではなく、「群衆が自分たち自身でつくりあげる祭り」なのだ。

中世以降、カーニバルは、支配者と被支配者、貴族と平民、金持ちと貧乏人、教養人と無学な者、聖職者と俗人など、あらゆる社会的な秩序が一時的に覆される期間であった。愚者は賢者になり、王は乞食になり、現実は幻想と融合する。ほとんどの場合、形だけの倒錯劇は王の選出で山場を迎え、選出された王は一時的に権力を握る。

つまり、カーニバルの悪ふざけは往々にして政治活動に発展するのだ。それは、カーニバルが反乱や暴動へと発展することがよくあり、カーニバルのたびに群衆は権力者を嘲笑《あざわら》うだけでは満足せず、本気で彼らを葬り去ろうとしたことからも窺《うかが》える。フランス革命の後、ローマを含むほとんどすべての国において、革命の勃発を恐れてカーニバルが廃止されたことにも納得がいく。ちなみに、フランスでカーニバルを禁止したのはジャコバン派〔革命を主導した、急進的な政治結社〕であり、仮装してカーニバルを行なおうとする者を死刑に処したほどだ。ジャン＝ポール・マラー〔ジャコバン派の革命指導者〕は、「カーニバルは下層民にとってはよい祭りだった」と評した。「革命は完全に成し遂げられたのだから、カーニバルを続ける意味はなくなった」。つまり、「吊るしあげるものはもうない」ということだ。

しかしながら、権力は、カーニバルが放つ破壊力から完全に逃れることはできない。何世紀にもわたって、この破壊力の拠点は、路上のカーニバルからチラシや大衆紙の風刺画、そして近年ではテレビのワイドショーやネット上の罵詈雑言へと移った。これまで、カーニバルの持つ破壊力は人びとの意識の片隅にあったが、現代人はこの破壊力を政治の新たなパラダイムの中核に位置づけるようになった。

ゲーテの訪問から二世紀以上経ったローマでは、カーニバルが復活した。二〇一八年六月一日、新たな政権が発足した。この政権のリーダーはジュゼッペ・コンテだ。首相に就任したコンテは、浮世離れした無名の人物であり、奇妙な偶然が重なって権力の頂点に上り詰めた。まるで、庭師のミスター・チャンス（ピーター・セラーズのコメディ映画『チャンス』の主人公）のようだったが、『チャンス』のストーリーとは異なり、政治経験が皆無の大学教授であるコンテが首相に任命されると、外国の主要紙は彼の正体を調べ上げた。すると、ミスター・コンテに関する情報はネット上で公開されている経歴だけであり、その内容はフェイクだらけであることが判明した。ニューヨーク大学、ケンブリッジ大学、ソルボンヌ大学など、イタリア版チャンスの経歴に「修行先」と記されていた名門大学からは、「コンテが本校に在籍した記録はない」という報告が寄せられた。

ところが、コンテはこの不名誉に動じることなくイタリア政府機関の頂点の座に就任した。これにより、カーニバルの主役である「五つ星運動」〔左派ポピュリズム政党〕と「同盟」〔右派ポピュリズム政党〕のリーダーがこの新政権の要職に就いた。副首相兼産業労働大臣に任命された「五つ星運動」の党首ルイジ・ディマイオには、経歴詐称の心配はない。三三歳で高卒のディマイオには、「五つ星運動」のオンライン予備選挙で一八九票を獲得して国会議員になるまで、ナポリのサン・パウロ・スタジアムの座席案内係として働いた経験しかなかった。彼は日刊紙『コリエーレ・デラ・セラ』の取材に対し、「サッカー場では多くのＶＩＰを案内した」と答えている。自身の貧弱な経歴にもかかわらずローマの新たなカーニバルの主役の一人になったディマイオは、失言やフェイクニュースを連発するというあきれた才能を発揮し、時代の寵児になった。たとえば、審議どころか提出もされていないのに「最低所得保障制度の導入にともない、政府は六〇〇万枚の所得保障カードを印刷中」と言い放った。また、中国を公式訪問した際には、最高指導者の習近平《シー・チンピン》を「ミスター・ピン」と呼んだ。

ところで、雑誌『タイム』がヨーロッパの新たな指導者として取り上げた真の実力者は、もう一人の副首相マッテオ・サルヴィーニだった。内務大臣に就任するや否や、恐怖と人種的な憎悪を煽《あお》る内容のツイートをほぼ毎日投稿した。また、黒人や不法移民による犯罪や残虐行為に関する「衝撃的な動画」を数十本もアップロードした。たとえば、二〇一八年の夏には「イタリア全土では、イスラム教の信者が家畜の喉を切り裂き、生贄《いけにえ》の祭りを祝った。ナポリでは、このヤギは殺される寸前のところで助かったが、ナポリ以外の地域では、何十万頭の家畜が容赦なく屠《ほふ》られた」というナレーションの入った動画を投稿した。

支持者たちから「隊長」と呼ばれるサルヴィーニは、大臣という職責を担いながらも自身の発言が事実であるかどうかについては、ほとんど気にしない。たとえば、「ヴィチェンツァ〔イタリア北東部の都市〕の難民申請者たちは、ケーブルテレビ「スカイ」を視聴させてほしいと要求してデモを起こした」というつくり話を平気で拡散させた。「その情報は事実に反する」と火消し役を務めたのは、サルヴィーニが大臣を務める内務省管轄のヴィチェンツァ県当局だった。

無名の人物ばかりで構成された新政権の閣僚たちは、すぐに自身の職務を遂行した。たとえば、家族政策担当大臣は就任したその日に「ゲイのカップルは家族ではない」と宣言した。健康大臣は、ワクチン接種に関する質問に対して「個人的には賛成だが、反対意見にも一理ある」と回答した。また、司法大臣は就任直後に、自身の持論の一つである時効の廃止を議題に据えた。ポピュリズムがしっかりと根づく国では、いつでも誰に対しても訴訟を起こすようになる。コンテ首相は、無罪という決定的な証拠がなければ被疑者を有罪とみなす「推定有罪」の原則を採用しようと述べたが、こうした不用意な発言も当然の成り行きだろう。

新政権の発足から数日後、新政権の顔ぶれにモンティ・パイソン〔イギリスのコメディ・グループ〕のコントに登場してもおかしくないような人物が加わった。議会対策を担当する国務政務次官に就任したマウリツィオ・サンタンジェロだ。彼はケムトレイル論の信奉者だ。この陰謀論によると、各国政府は旅客機を利用して国民に有害な化学物質や生物物質を大気中に散布しているという。彼はこの陰謀論をほのめかすために、怪しげに見える飛行機雲の写真を「この雲は一体何か」というコメントを添え、SNSにしばしば投稿していた。

一方、内務政務次官に就任したカルロ・シビリアは、アメリカ人が月面に立ったことをいまだに疑っていた。彼は「今日は月面着陸の記念日。なぜ、あれがつくり話だったと糾弾する勇気のある人が現われないのだろうか」とツイートした。だが、陰謀論に関して最も厄介な人物は、EU政策省長官に就任したルチアーノ・バッラ・カラッチョロだろう。彼は自身のブログ「オリゾンテ48」において、単一通貨ユーロの批判やEUとナチス・ドイツの同一視に加え、「ハザード・サーキュラー」という陰謀論を蒸し返した。この陰謀論によると、影の金融勢力は奴隷制度を廃止した代わりに、貨幣による支配というより洗練された抑圧形態を確立したという。

『フィナンシャル・タイムズ』紙がこの新政権を「一九五七年の欧州経済共同体の設立以来、西ヨーロッパの民主国家を統治する最も型破りで経験不足の政府」と酷評したのも頷《うなず》ける。この新政権は、政治心理学におけるある種の実験かもしれない。興味深い試みではあるが、実験の結果が世界第七位の工業国、そしてヨーロッパ諸国の統合に悪影響をおよぼす恐れは多分にあった。

カーニバルの復活はイタリアだけの話ではない。ヨーロッパの他の国々でもポピュリズムの台頭により、既存のルールを覆し、正反対のルールを設けるという狂乱が生じている。有権者はポピュリズム指導者の悪徳を美徳と見なす。彼らの経験不足は腐敗したエリート層に属していないことの証であり、彼らの無能ぶりは彼らが本物であることの裏付けであり、彼らの外交活動によって生じる緊張の高まりは、彼らが独立した人物であることの証拠であり、彼らのプロパガンダから次々と生じるフェイクニュースは、彼らが自由な精神の持ち主であることの証明なのだ。

ドナルド・トランプ、ボリス・ジョンソン、ジャイル・ボルソナロらが跋扈する世界では、毎日のように失言、論争、派手なパフォーマンスが繰り広げられる。われわれには、これらの出来事を個別に批判する時間的な余裕はない。メディアの耳目を集めるのはこの無間地獄であり、メディアは飽和状態に陥る。こうした光景を目の当たりにすると、われわれの多くは天を仰ぎ、「タガが外れている」と呟きたくなる。だが、ポピュリストたちによる野放図なカーニバルの背後には、スピンドクター〔情報を操作する者〕、理論家、そして最近では科学者、ビッグデータの専門家たちによる緻密な工作がある。ポピュリズムのリーダーたちは、彼らの貢献があったからこそ権力を掌握することができたのだ。

本書はそんな彼らに関する物語だ。

本書に登場するのは、次に掲げる人物たちだ。

一人めは、イタリアのマーケティング専門家**ジャンロベルト・カサレッジオ**〔一九五四〜二〇一六年〕だ。彼は、デジタル技術を駆使する政党が誕生するとは誰も思っていなかった二〇〇〇年代初頭に、インターネットによって政治革命を起こすことができると気づいた人物だ。コメディアンのベッペ・グリッロを雇い、グリッロをアルゴリズムを駆使する政党「五つ星運動」の最初の化身《アバター》に仕立て上げた。カサレッジオは、有権者のデータを収集し、イデオロギーとは関係なくただ単に有権者の要求を満たすことを目指した。独自の候補者を選ぶという直接的な権力を手に入れたカサレッジオは、ドナルド・トランプに雇われたケンブリッジ・アナリティカ社のような存在だった。

次に、イギリスのEU離脱キャンペーンを指揮した**ドミニク・カミングス**〔一九七一年生まれ〕だ。彼は「政治を進化させたいのなら、政治学者や広報担当者を雇うのではなく物理学者を使え」とうそぶいた。科学チームの力を借りたカミングスは、反対陣営が存在さえ知らなかった数百万人の賛否未決定の有権者に標的を定め、EU離脱キャンペーンを支持するように絶妙のタイミングで的確なメッセージを送りつけた。

次に、アメリカのポピュリズムの仕掛人**スティーブ・バノン**〔一九五三年生まれ〕だ。彼はドナルド・トランプを勝利に導いた後、国際ポピュリスト協会なるものを設立し、ダボス村の国際エリート集団に対抗しようと夢見た。

次に、イギリスのブロガーである**マイロ・ヤノプルス**〔一九八四年生まれ〕だ。彼は、タブーの概念を変えた。一九六〇年代、抗議者たちが挑発的な行動をとる目的は、既存の道徳と保守的な社会のタブーを打ち破ることだった。だが、ナショナリズムを訴える今日のポピュリストのやり口は、従来とは正反対の侵犯行為だ。すなわち、コミュニケーションの際に、左派やポリティカル・コレクトネスの規範をぶち壊すことである。

次に、ハンガリーの首相オルバーン・ヴィクトルの片腕になった**アーサー・フィンケルスタイン**〔一九四五〜二〇一七年〕だ。ニューヨーク出身のユダヤ系同性愛者である彼は、ヨーロッパに懐疑的であり、伝統的な価値観を守るために壮絶な戦いを繰り広げた。

カオスの仕掛人たちは、自撮りとＳＮＳの時代に見合ったプロパガンダを再構築しながら民主主義というゲームの本質を変えようと試みる。彼らの活動はフェイスブックとグーグルの政治版だ。彼らの活動には、ＳＮＳ同様、いかなる仲介役も存在しない。全員がフラットに扱われ、判断基準は「いいね！」だけだ。彼らが内容に無関心なのは、ＳＮＳと同様に目的が一つしかないからだ。すなわち、目的は「いいね！」やシェア、つまりシリコンバレーの経営者たちが「エンゲージメント」と呼ぶものであり、政治においては即時の賛同である。

ＳＮＳのアルゴリズムの場合、いかなるコンテンツであっても、利用者が少しでも頻繁かつ長時間にわたってそのサイトを閲覧するようにプログラムされている。カオスの仕掛人たちのアルゴリズムも同様だ。ありとあらゆる立場の有権者の心情を把握し、特定の候補者の支持につながるプログラムを組むのだ。有権者の願望と（とくに）不安が、理性的であろうと不条理であろうと、また現実的であろうと非現実的であろうと、構わない。

新たに登場した頭のいかれた政治屋たちは、最小公倍数を割り出して人びとを団結させるのではなく、できるだけ多くの小さな集団の情念を煽り、彼らの気づかないところでそれらを足し合わせようと画策する。彼らは多数派を中道《センター》ではなく極端《エクストリーム》に収斂させようとする。

カオスの仕掛人たちのアルゴリズムは、全体のまとまりを気にすることなく各人の怒りを醸成することにより、それまでのイデオロギーの相違を希釈し、「大衆」ＶＳ「エリート」という単純な図式に基づく政治的な対立を再定義する。イギリスのＥＵ離脱、トランプ、イタリアの場合、ナショナリズム型ポピュリストが成功するための鍵は、右派と左派の分裂を加速させ、ファシストだけでなく怒れる有権者の票を取り込むことだ。

もちろん、新たなプロパガンダが糧にするのは、SNSと同様、大衆の否定的な感情だ。そうした否定的な感情によってこそ、大勢の人びとを囲い込むことができるからだ。そこは、フェイクニュースや陰謀論の巣窟になる。新たなプロパガンダに関しては、往々にしてポピュリストのカーニバルの暗い側面だけが注目されるが、プロパガンダにはお祭り気分という解放感を醸し出すという側面もある。いつの時代においても、嘲笑は社会秩序を覆すための最も有効な手段だ。カーニバルの期間中、解放的な笑いの渦は、権力者の威厳、規律、野望を打ち砕く。権力者にとって、自分たちを笑いものにする不遜な精神ほど恐ろしいものはない。大衆が政府の政策を退屈かつ傲慢とみなすと、トランプのような反逆的な道化師や、「黄色いベスト運動」〔二〇一八年から始まったフランス政府に対する抗議運動〕などの激しいデモは、大衆のエネルギーを解放させる触媒になる。タブー、偽善、従来の話法は、狂乱する人びとの叫び声によって葬り去られる。

カーニバルに観客席はない。誰もが社会秩序の転覆した世界に祝杯を挙げる。支配的な秩序を打ち崩すことに寄与し、そうした秩序に代わる自由と博愛を唱える限り、どんな無礼や品のない冗談であっても許容される。集団に帰属することでカーニバルの参加者は充実感に満たされ、生まれ変わったような感覚に浸る。誰もが、観客から俳優になる。収入や学歴による差別は一切ない。最初に声を上げた人の意見は、専門家の意見と同等、いや、それ以上の価値を持つ。もっとも、仮面はインターネット上に居場所を移した。インターネット上の匿名性はカーニバルの変装と同様、非抑制効果を生み出す。カーニバルの主役であるポピュリストが焚きつける解放の炎に油を注ぎこむのは、新たな道化師《プルチネッラ》である「荒らし《トロール》」〔インターネット上において迷惑行為を嗜好する厄介者〕たちだ。

　カーニバルが最高潮であるときに、水を差すような真似をすることほど損な役回りはない。たとえば、赤ペンを引いて間違いを指摘するファクトチェッカーや、下品な野蛮人の蛮行に眉をひそめながら正論を述べるリベラルな知識人である。マイロ・ヤノプルスは「だから左派の連中は不幸なのだ。奴らには喜劇や祭りを楽しむ素養がまったくない」と述べている。カーニバルを楽しむポピュリストの目には、進歩主義者は上品ぶった頭でっかちに映る。進歩主義者は何かにつけて諦観するが、カーニバルの王は既存の現実を吹き飛ばすと豪語する。

　人びとの暮らしを構成するのは、権利と義務、遵守すべき数字、記入すべき書類だけではない。常識の枠には収まらない新たなカーニバルでは、独自の論理が働く。それは学校の教室よりも劇場の論理に近い。つまり、文章や理念よりも身体や映像に対して貪欲であり、正確な事実よりも強烈な語り口《ナラティヴ》に重点が置かれる。この理屈がデカルト的な観念からかけ離れているのは確かだが、この理屈には思わぬ一貫性がある。たとえば、既存の規範とは正反対のことを主張し、規範全体をひっくり返すことだ。

　フェイクニュースや陰謀論が不条理に思えるとしても、その背後にはきわめて強固な論理がある。ポピュリストのリーダーたちにとって、「もう一つの真実」はプロパガンダを流布するための単なる道具ではない。それは実際の真実よりも結束力の強化に役立つのだ。アメリカのオルタナ右翼のブロガーであるメンシウス・モールドバグは次のように述べている。

「さまざまな側面において、組織を強化するには、真実よりも不条理なことを述べるほうが効果的だ。真実を信じることは誰にでもできる。だが、不条理なことを信じるには忠誠心が必要になる。皆が同じ服を着れば、軍隊ができあがる」

よって、自身の世界観を構築するためにフェイクニュースを熱心に流布するリーダーは、群衆において際立った存在になる。カーニバルのリーダーは、現実主義の諦観した官僚ではなく行動力のある人物だ。彼らは思いのままに「現実」を構築して自分の信奉者の期待に応える。ヨーロッパだけでなく世界中で嘘が幅を利かせるのは、極端な願望と恐怖を抱く有権者が増え、そうした有権者を魅了する政治の語り部に嘘がはびこるからだ。一方、嘘を暴いて真実を説いても、信用は得られない。実際のところ、ポピュリストの支持者にとって個別の事象の真偽はどうでもよいのだ。彼らにとっての真実とは、自分たちの経験や感情に符合するメッセージの全体像である。このような状況において、政府や従来の政党のヴィジョンが現実にそぐわないと感じる有権者の数が増えつづけるのなら、データを蓄積して嘘を暴いたとしても、説得力は得られない。

ポピュリズム旋風に打ち勝つには、まずはポピュリズムを理解することから始めるべきだ。単に断罪したり、『理不尽の時代』(デイヴィッド・キャメロン内閣の財務大臣を務めたジョージ・オズボーンの著書)と切り捨てたりするのでは解決にならない。現代のカーニバルは、理不尽とまでは言えない二つの要素から成り立つ。一つめは、社会的・経済的に見て、もっともな要因に基づく一部の社会層の怒りである。

二つめは、本来は商業目的で開発された強力なコミュニケーション手段がカオスの増殖を願う人びとの理想の道具になったことだ。

本書では、この二つめの要因を取り上げる。だが、私は一つめに掲げた人びとの怒りの真の要因を否定するつもりはない。もちろん、カオスの仕掛人たちのやり口を解き明かすだけで、すべてを語ることはできないだろう。しかし、興味深いのは、カオスの仕掛人たちがいち早く変化の胎動を察知し、これを利用して政治システムの周縁から中央へと躍り出た、その手法だ。よくも悪くも、彼らの直感や矛盾に満ちた特異な言動は現代の産物と言えよう。

第一章

ポピュリズムのシリコンバレー

アメリカ人の一般的な印象を一言で表現すると、害のない人間だろう。とくに、ローマのような皮肉屋で無責任な連中が大勢いるような場所では、アメリカ人は人がよさそうな人物に見える。その理由は、彼らの表情や服装が影響しているのかもしれない。私の正面に座っている人物も例外ではない。私が彼の滞在先であるホテルのスイートルームを訪ねたときのことだ。私がソファに腰を下ろそうとすると、彼は私にマフィンを勧めてくれた。だが、彼こそが悪魔なのだ。「ダース・ベイダー」とさえ呼ばれるこの男は、雑誌『タイムズ』によると「必殺仕掛人」だという。通信社ブルームバーグは、この男を「アメリカで最も危険な政治屋」と評している。彼に関するこうした評価は二〇一六年一一月八日以前、つまり、彼がドナルド・トランプをアメリカ大統領に当選させることに決定的な役割を果たす以前から定まっていた。

彼の友人たちによると、どこかで爆発音が聞こえたのなら、スティーブ・バノンがマッチ箱を使って火遊びをしているに違いないという。最近、ローマで爆発音を耳にするようになったのは、バノンが頻繁に（少なくとも月に一度）ローマを訪れているからだろう。永遠の都ローマでは、エンニオ・フライアーノ〔一九一〇～七二年、イタリアの脚本家・劇作家・小説家〕の短篇小説『ローマの火星人』に登場する火星人のような目に遭う恐れがある。すなわち、到着直後は丁寧なおもてなしを受ける。人びとはあなたの姿を見ると立ち止まり、熱く抱擁する。だがしばらくすると、ローマの人びとは、この二〇〇〇年間にあらゆることに慣れてしまったように、あなたにも慣れてしまう。すると、路上のガキどもから「おい、火星人」とぞんざいに扱われるようになる。しかしながら、バノンはまだ丁重に扱われている。メディアのインタビューを受け、会合に招かれ、敬愛するマッテオ・サルヴィーニやルイジ・ディマイオと長時間にわたって意見を交換する。休憩時間には、ホテル・デ・ルシエ〔「ロシア・ホテル」の意、ローマの超高級ホテルの名称〕のスイートルームで食事をとる。バノンは、かつてロシア皇帝の王女や顧問らが滞在したこの伝説的な場所を密かに気に入っていた。とはいえ、オリガルヒや選挙操作といった現代のロシアに興味があるからではない。むしろバノンはポピュリスト革命を指導したトロツキーのような男だったからだ。思想家と活動家の混血児である彼は、自身の「政治運動」によってヨーロッパの大衆を煽動し、彼が「ダボス党」と呼ぶエリート集団に対して蜂起することを夢見ていた。

バノンにこの運動における自身の役割を尋ねると、彼はほんの少し口を尖らせたが、「私はポピュリスト運動のグローバルな学生であり、ここに来たのは学ぶためだ」と控えめに答えた。だが、彼の本心はもう少し野心的だ。

いつもワイシャツを二枚重ねにして着ているバノンは、アメリカの労働者階級の純然たる産物だ。才能と野心に溢れる彼は、アメリカ海軍、バージニア工科大学、ジョージタウン大学、ハーバード大学ビジネススクール、ゴールドマン・サックス、そしてハリウッド、さらにはアメリカ政府と、アメリカの権力を象徴する場所を渡り歩いてきた。だが、当初の怒りを忘れることはなく、エリート層を大衆の敵とみなし、彼らの世界を吹き飛ばすために爆薬をあちこちに仕掛けてきた。

「新たなポピュリズム」の旗手バノンが師と仰ぐのは、オンラインニュースサイト《ブライトバート・ニュース・ネットワーク》の創業者アンドリュー・ブライトバートだ。

バノンは師のもとで働くうちに「政治は文化の下流に位置する」と考えるようになった。当初から、彼はリベラルな知識人から文化の主導権を奪おうと闘ってきた。たとえば、ハリウッドでは、アメリカの魂、文明の衝突、世代交代など、彼が歴史の趨勢を決定づけると考える事象をテーマにして、哲学的な引用やワーグナーの音楽をちりばめた趣味の悪いドキュメンタリーを制作してきた。創業者ブライトバートの死後、彼が《ブライトバート・ニュース・ネットワーク》をアメリカのオルタナ右翼の巣窟に変革したのも同様の理由からだった。

こうして、ナショナリスト、陰謀論者、「千年王国」説信奉者、単に怒り狂う者など、異質の人物たちからなる集団が、移民、自由貿易、少数派の役割、市民権など、巷の討論の中核的な問題について新たな視点を提示すべきだと考えるようになった。バノンはアメリカのポピュリズムの指揮官に変身した。彼は、不法移民の動向を克明に追うためにテキサスに編集部を開設し、既存秩序やクリントン一族の悪行を暴くべくシンクタンクに資金を提供し、SNS上での討論を支配するためにブロガーやサクラを動員し、さらには政治にビッグデータを応用するコンサルティング会社（後日、世界的なスキャンダルを引き起こした「ケンブリッジ・アナリティカ社」）の立ち上げに参加した。たとえば、二〇一六年の共和党予備戦でトランプ旋風が吹き荒れたとき、トランプ陣営に参加したバノンは、アメリカ政治史上最も過激な選挙キャンペーンの本部長に就任した。

大統領選後、バノンは思いあがってしまった。大統領上級顧問に就任した彼は、自分自身で行動したくなったのだ。戦略家が自身の策略を王子の耳元で囁《ささや》くのではなく新聞記者に語るのは、どう考えても悪いアイデアだ。とくに、自分が仕える人物は自己顕示欲の時代を代表する人物だったのだから、なおさらまずかった。案の定、バノンはホワイトハウスから叩き出された。自由な世界のリーダーであるトランプは、次のようにツイートした。

「解雇を告げると、スティーブ〔バノン〕はよだれを垂らしながら泣き出し、考え直してくれと懇願した。今日、彼は周囲の人びとから捨て犬扱いだ。残念なことだ」（二〇一八年一月六日付のアメリカ大統領のツイートより）

しかし、バノンほどの頭脳、経験、人脈を持つ国家主権主義ポピュリストはいない。解雇されてから数か月後、彼はさらに野心的な展望を抱いた。その年の三月に『ニューヨーク・タイムズ』紙のローマ特派員に対し、次のように語った。「私の望みは、グローバルなポピュリスト運動のためのグローバルなインフラを整備することだ。マリーヌ・ルペン〔フランスの極右政党の元党首〕がリールで開かれる党大会に私を招待したとき、私はそう確信した。私が「何を語ればよいのか」と尋ねると、彼女には「われわれには仲間がいると訴えてくれ」と頼まれた」。そのとき、バノンは欧米のさまざまな政治運動における、経験、アイデア、資源を分かち合えるプラットフォームの重要性に気づき、「ナショナリストたちのインターナショナルな広場」という矛盾した形容詞を冠する空間をつくるアイデアを思いついた。「われわれは歴史の正しい側に立っている。ジョージ・ソロスでさえ、今は革命の時代だと述べている」。

ハンガリー出身の富豪ジョージ・ソロスは、自身が運営する「オープン・ソサエティ財団」を通じて世界各地の民主化運動に資金を提供してきた。ソロスは新たなグローバル・ポピュリストの敵であると同時に憧れの存在だった。ソロスについて「奴は悪党だが優秀な男だ」と一目置くバノンは、ソロスを真似て財団を設立しようと考えた（もっとも、ソロスのハンガリーでの慈善活動は、バノンの友人であるハンガリー首相オルバーンによって活動を禁止されていた）。そうはいっても、バノンの財団設立の目的はソロスとはまったく異なっていた。すなわち、国境を封鎖し、グローバリゼーションとヨーロッパ統合の過程を逆行させることだ。アメリカの政治学者マーク・リラは、「現代の最も革命的な思想は、「かつては……」という文句から始まる」と看破する。そしてバノンによると、今日、この革命の震源地はイタリアだという。

だからこそ、バノンはローマにあるホテル・デ・ルシエのスイートルームで彼の側近らに囲まれて私の目の前にいるのだ。側近たちの顔触れは、ナイジェル・ファラージ〔英国におけるEU懐疑主義の先駆者〕の元右腕だったラヒーム・カッサム、「人格の尊厳協会」の創設者ベンジャミン・ハーンウェル、ジャージ姿の甥ショーン・バノン、そして一九三〇年代にスウェーデンで行なわれた優生学の実験から誕生したような風貌の金髪碧眼の男だ。全員が、大量の男性ホルモンを分泌しながら、ナショナル・ポピュリストの革命本部で狂ったように働いていた。

バノンは次のように語り続けた。

「ローマは再び政界の中心地になった。その証拠は、ここで起こった実に類まれな出来事だ。ローマでは、右派と左派のポピュリストが双方の違いを脇に置き、ダボス党が強奪した権力をイタリア国民に取り戻すために団結した〔「五つ星運動」と「同盟」による二〇一八年の連立政権の樹立のこと〕。これはバーニー・サンダースとドナルド・トランプが手を組むようなものだ。イタリアでは、アメリカではできなかったことが成し遂げられた。イタリアにおいて問われているのは国家主権の本質だ。この実験は、グローバル・エリートによって奪い取られた権力を奪還しようとする大衆蜂起の行方に多大な影響をおよぼすだろう。イタリアで成功すれば、他の国でもうまくいくはずだ。だからこそ君たちイタリア人は、未来の世界政治を象徴する先駆者なのだ」


イタリア人にとってバノンの指摘は耳当たりがよいが、アングロサクソンの政治観察者がイタリアの発明を手本にしたのは今回が初めてではない。一九二〇年代末〔一九二七年一月二〇日〕、ウィンストン・チャーチルはイタリアのファシストに対し、次のように語りかけた。

「あなた方の運動は世界の見本だ。イタリアは破壊的な勢力に抗う方法があることを証明した。それは文明社会の名誉と安定を守るために大衆の協力を求めることだ。大衆の協力こそがソ連の害悪に対する解毒剤になる。今後、すべての国はこの進行性の癌から身を守る手段を得る。各国の責任ある指導者は、社会を画一化する教義と道徳を嘲弄する教義に、自信をもって抵抗できる」

二十世紀全般を通じてイタリアは、目のくらむような数々の政治実験が行なわれてきた実験室だった。これらの実験は、しばしば世界の他の地域でさまざまな形態で再現されてきた。たとえば、最初の実験はファシズムであり、これは劇的な結果をもたらした。ところが、ファシズムの崩壊後、イタリアでは西ヨーロッパ最大の共産党が誕生し、イタリアは冷戦時のさまざまな駆け引きや緊張が繰り広げられる劇場と化した。ベルリンの壁が崩壊すると、イタリアはポピュリズムのシリコンバレーへと変貌を遂げ、今日、西側諸国全体を揺るがしている既存体制に対する大蜂起を、二〇年近くも先取りした。

かつてドイツの作家ハインリヒ・マンは、「ナポレオンはフランス革命から発射された砲弾」と述べた。ナポレオンと比較するのも憚《はばか》られるが、グリッロとサルヴィーニは、一九九〇年代初頭にイタリアの政治階級が一掃された司法改革「タンジェントポリ」〔汚職の街：政官財界の贈収賄事件から生まれた言葉〕から発射された砲弾と言えよう。イタリアではこの革命をきっかけにして、エリートの拒絶と従来政治からの逸脱という、終わりのない時代が始まった。

一九九二年から一九九四年にかけて、イタリアの政治家は一掃された。与党に属する国会議員の半数は、検察の事情聴取を受け、数名のリーダー格は投獄された。外国に逃亡する者も現われた。それまでイタリア共和国の政権を担ってきた「キリスト教民主主義」と「イタリア社会党」の二つの与党は、数週間のうちに消滅した。「清廉潔白な手《マーニ・プリーテ》」と呼ばれる検察の汚職捜査は、すでにポピュリストと同じ手法を用いていた。すなわち、「腐敗したエリート層」VS「市民目線の司法」という構図だ。当時のミラノの検事総長フランチェスコ・サヴェリオ・ボレッリは、これを「大衆が拍手喝采するのは、自分たち自身に対してだ」と看破した。汚職捜査に関わった司法関係者が政界に進出し、政党を結成したり、国会議員になったり、閣僚や大都市の市長になったりしたのは、当然の成り行きとも言えた。

このときから、イタリア国民に残された選択肢は、信用できず、腐敗し、無能な政治屋に代わって国を統治する新たなエリートを見つけ出すことだけになった。「マーニ・プリーテ」という汚職捜査を実施した検察を熱心に支持することにより、一九九三年の春にイタリア共和国史上初の「専門家集団による政権」を誕生させたのは左派だった。イタリア銀行の元総裁カルロ・アツェリオ・チャンピが首相を務めたこの政権の閣僚は、政治家ではなく学界や官僚から選ばれた人物から構成された。この時期、進歩主義者の間では「市民社会」という物語が語り始められた。すなわち、イタリアの新たな指導層は「市民社会」から誕生するという物語だ。

ところが、その直後に現われたのがベルルスコーニだった。彼は、「権力を掌握するのは凡庸な政治屋ではなく、国富の真の生産者である起業家や経営者であるべき」と説いた。ベルルスコーニの政党は、「ローマ・ラドローナ（ローマの政府は大泥棒）」と糾弾する郷土主義の「北部同盟」（のちの「同盟」）と、元ファシストからなる「国民同盟」などと連立を組んで政権を樹立した。

「騎士」（ベルルスコーニのあだ名）は、私生活にまつわるスキャンダルによって辞任に追い込まれる二〇一一年末ごろまで、イタリアの政治を支配し続けた。その後、マリオ・モンティが「有能な政府」の樹立を試み、中道左派がマッテオ・レンツィの革新的なリーダーシップを通じて従来の政治に新たな息吹を吹き込もうとした。

「五つ星運動」と「同盟」が勝利するという二〇一八年三月四日の選挙結果は、これらの試みが無残にも失敗したことの証であり、イタリアは真のポピュリズムの「約束の地」と化した。こうして西側の主要国では初となる、右派と左派のポピュリズムの融合が実現した。この融合こそがスティーブ・バノンの想像力と野心をかき立てたのだ。バノンにとり、イタリアで起きていることは、従来型政治とポピュリズムの衝突にほかならない。

バノンは次のように語った。

「メルケルとマクロンに尊敬できる点があるとすれば、それは彼らが自分たちの計画を隠さないことだ。国民に理解してもらうことは重要だ。メルケルとマクロンに陰謀などない。すべてはガラス張りだ。昨年、マクロンが行なった演説は、ジャン・モネ〔EUの父とも称されるフランスの政治家〕の理念であるヨーロッパ・プロジェクトを骨子にしていた。微に入り細を穿つ首尾一貫した演説だった。すなわち、さらなる政治・商業・資本市場の統合からなるプロジェクトだ。ようするに、ヨーロッパ合衆国であり、フランスがノースカロライナ州なら、イタリアはサウスカロライナ州になるということだ。君がこのプロジェクトを気に入り、うまくいくと信じるのなら、マクロンのプロジェクトも信じることができるだろう。サルヴィーニ、オルバーン、マリーヌ・ルペンなど、ナショナリズム型ポピュリスト運動の活動家たちの結論は「ノー」だ。つまりこれは、ヨーロッパにおける国民国家は克服すべき障害だと見なす者たちと、大切に保護すべき至宝だと考える者たちの対立だ」

バノンの解説は続いた。

「この点においてこそ、震源地はイタリアだ。この国では、ポピュリストとナショナリストは、互いの違いを脇に置き、国民のために外国の勢力に対抗するべく団結した。この団結は、未来の世界政治を象徴する政治形態という初の試みであり、世界中に広がっていくはずだ。すなわち、国家主権主義VSグローバリストという闘いだ」

バノンの談話が面白いのは、大言壮語するだけでなく、イタリアの事例の本質を捉えているからだ。極右の台頭やファシズムの再来だけが注目されるが、イタリアで起こっているのは、インターネットなどの新たなテクノロジーの利用による新たな政治形態の出現だ。

こうした観点からすると、今日の政治家で最も目立つ人物が〔同盟の〕マッテオ・サルヴィーニであることは間違いないとしても、最も興味深い現象は「五つ星運動」だろう。というのも、「同盟」のような少数派の極右勢力が一七パーセントの得票率で政権に入り、「同盟」が勢力を伸ばすことによってサルヴィーニを表舞台に押し出したのは「五つ星運動」だったからだ。これこそがイタリアに真の文化ヘゲモニーが確立されたからくりだ。

ヨーロッパ各国にも外国人排斥を訴える右派政党は存在する。二〇一八年春以前では、それらの政党の支持率は「同盟」と大差がなかった。それらの党が過半数に達することはなく、一般的に、それらの党と連立を組む相手はいなかった。イタリアでは、三分の一の国民が政治的内容のない綱領を掲げる「五つ星運動」を支持した。つまり、「五つ星運動」がそうしたポスト・イデオロギー型のアルゴリズムを利用したからこそ、今日のサルヴィーニが存在するのだ。

イタリアがまたしてもポピュリズムのシリコンバレーと化したのは、今回の場合では権力掌握の手法が思想ではなく、カオスの仕掛人たちが開発したアルゴリズムに基づくポスト・イデオロギー型のテクノ・ポピュリズムだったからだ。イタリアでは政治家が技術屋を雇うのではなく、技術屋が政党を設立し、自分たちの理念を最も忠実に体現する候補者を選び、さらには政府全体を掌握することによって政治運動の手綱を握った。

イタリア以外では、こうした経緯はあまり知られていない。だが、壊れはじめたわれわれの民主主義の未曽有の領域を見定めるには、これは語る価値のある物語だろう。

第二章

政治版ネットフリックス

リヴォルノ〔トスカーナ州の都市〕は、イタリアの政治史において重要な都市だ。一九二一年、イタリア社会党が分裂して共産党が誕生したのもリヴォルノだった。その八〇年後、「五つ星運動」の二人の創設者が初めて顔を合わせたのもこの都市だった。ベッペ・グリッロは、ジャンロベルト・カサレッジオについて次のように記している。

「カサレッジオに初めて会ったのは四月のある晩だった。彼は私の舞台『ブラックアウト』を鑑賞した後、私の楽屋を訪れ、インターネットについて語りはじめた。彼とは面識がなかったこともあり、私は「インターネットによって世界は様変わりする」という彼の熱弁に、微笑《ほほえ》みながら頷き、彼の機嫌を損ねないようにした。というのも、ネット上で攻撃されるのはつまらないと思ったからだ。彼は自分の発言に自信たっぷりだった。彼は、邪悪な天才か、さもなければ狼や小鳥ではなくインターネットに話しかける「アッシジのフランチェスコ」のような人物だった」

勢いはあるが自身の怒りを持て余す舞台の野獣と、先見の明はあるが現実世界とは少し乖離《かいり》しているシニカルな「オタク」との出会いの場面には、「五つ星運動」が誕生するためのすべての神話的な要素が見出せる。すなわち、見世物、嘲弄、ネットカルチャー、そして革命だ。

ジェノバの地下劇場からテレビの人気番組にまで這い上がったベッペ・グリッロは、ドミニコ会修道士ジロラモ・サヴォナローラ〔一四五二～九八年、熱狂的な説教で有名だった宗教改革の先駆者〕のような人物であり、堂々たる体軀から絞り出す獣のような声で、逆説、挑発、誹謗中傷を連発するワンマンショーで、イタリア中の劇場を満席にするコメディアンだった。

一方、几帳面で言葉数が少なく集中力のあるジャンロベルト・カサレッジオは、一九五四年生まれの経営者であり、デジタルマーケティングの専門家だった。渋い表情に長髪と眼鏡という風貌は、ジョン・レノンのポストモダン版を想起させた。ちなみに、ヒッピーの美学とオタク的アプローチの完璧な融合から生じたのが、カリフォルニアのサイバーカルチャーだ。カサレッジオは、長年にわたってイタリアを代表するＩＴ企業だったオリベッティ社に三〇年間勤務した後、自身の会社「カサレッジオ・アソシアーティ」を設立したばかりだった。

だが、カサレッジオは凡庸な起業家ではなかった。彼は「アッシジのフランチェスコ」の宗教性と、アイザック・アシモフやＳＦ小説の先駆者たちの奇抜な発想を融合させて現実の概念を独学で築き上げた先見の明のある人物だった。彼の原動力は、政治的な情熱ではなかった。その証拠に、彼は「興味があるのは政治ではなく世論」と述べている。

デジタルマーケティングの専門家カサレッジオは、インターネットが政治に革命をもたらす過程において、消費者たる有権者の好みに応じた新たなタイプの政治運動を組織することで、インターネットを通じた政治革命を起こそうとした。こうして彼は、既存の政党では満たすことのできない有権者の政治的願望を効果的に拾い上げることのできる仕組みをつくり出そうと画策した。だが、イタリアで真の大衆運動を巻き起こすには、デジタル技術だけでは、大衆は距離感を感じて熱くなれないことも心得ていた。だからこそ、彼はベッペ・グリッロを必要としたのだ。政治運動に熱狂と情熱をもたらすことができなければ、支持者はイタリア国内のオタクたちだけになってしまう。ポピュリズムとアルゴリズムの組み合わせという、この前例のない仕組みから誕生する「五つ星運動」の活力と対応力は、恐るべき政治装置を生み出したのである。

カサレッジオはコメディアンであるグリッロの同意を得ると、まずはブログを開設した。このブログは開設当初から大成功を収めた。グリッロは次のように語っている。

「二〇〇五年一月二六日、わけもわからずにブログを開設した。わずか数週間で、beppegrillo.it はイタリアで最も閲覧数の多いブログになった」

このコメディアンの無遠慮な表情の裏側には、すでに完璧に整備された仕組みが隠されていた。ブログの記事は、厳格な儀式に基づいて作成された。午前中、カサレッジオ・アソシアーティ社の社員たちはインターネットに投稿されたコメントのうち、とくに興味深いものを一〇個選び出し、これらをジャンロベルト・カサレッジオに送る。カサレッジオはこれらを熟読してから、その日のブログを執筆し、午後には投稿する。サイトの閲覧者からすると、ブログの執筆者は常にグリッロであり、カサレッジオは単なる技術屋にすぎなかった。しかし、実情はまったく異なっていた。

カサレッジオの巧妙なキャンペーンは大成功を収め、数年のうちにこのブログの閲覧数は、世界でも上位に位置するようになった。ミラノにあるカサレッジオ・アソシアーティ社の事務所では、利用者の反応に基づき、利用者との相互作用を生み出すテーマが探求された。こうした仕組みは、後に開発されるアルゴリズムの原型だった。

この時期、カサレッジオのブログが扱ったのは、政治や金融の権力者に対する恨みを刺激するような大衆好みのテーマだった。たとえば、政治家の汚職、小口株主を犠牲にして儲ける大企業、雇用不安などだ。これらのテーマに関して、彼のブログは状況を嘆くだけでなく、単純だが具体的な解決策を提示した。「右派だろうが左派だろうが関係ない。国民を犠牲にして自分たちの利益のためだけに行動する犯罪者集団をイタリア政治から追放すれば、どんなことでも解決可能」と流布したのだ。

グリッロのサポーターネットワークは、ブログという枠を超えて組織された。カサレッジオは、二〇〇四年のアメリカ民主党大統領予備選において初の「デジタル候補」になったハワード・ディーンの選挙戦を興味深く観察した。ディーンを真似て、カサレッジオがグリッロの信奉者たちに導入を促したのは、オンラインでも現実世界でも簡単に討論や出会いが可能になるプラットフォームサービス《ミートアップ》だ。こうして、すぐにイタリア全土で「ベッペ・グリッロ友の会」が結成された。

黎明期の段階では、グリッロの信奉者たちは完全に自由だった。組織づくり、出会い、活動内容を自分たちの思い通りに決めることができた。こうして、カサレッジオが新たに開発したスピード感あふれる装置が、既存の古臭い政治に襲い掛かった。黎明期にグリッロの信奉者だったが後に幻滅したマルコ・カネストラーリという人物は、次のように記している。

「二〇〇七年当時、政党政治に参加しようとすると、さまざまな規則や儀式に従わなければならなかった。それらの拘束は、インターネットの処理速度に慣れ親しんだ世代にとって理解不能だった。まず、右派と左派という大雑把な二つの選択肢のうち、どちらかを選ばなければならなかった。次に、一部の政策に違和感を覚えたとしても、どの政党に帰属するのかを決めなければならなかった。そして地元で地道に地盤を築き、うまくいけば「国会議員という聖人」になることができるという流れだった」

この人物によると、グリッロが発するブログのメッセージは斬新だったという。すなわち、「政治に参加するために、どこかの政党に帰属して何年も耐え忍ぶ必要などない。ブログにコメントしたり、記事を投稿したりすることによって、いつでも政治に参加できる。下積みなど不要だ」。

即戦力を訴える現代的な約束は耳に心地よかった。この約束とグリッロが熱く語りかける辛辣な意見が功を奏し、グリッロのブログの閲覧数は急増した。二〇〇七年初頭、ブログのコメント数は一〇〇万件に達し、《ミートアップ》イベントは一〇〇件を超えた。新たなエネルギーとやる気がみなぎった。この時期、年老いたベルルスコーニに代わって政権に着いたのは、苦心のすえ中道左派連合をまとめた、別の年寄りロマーノ・プローディだった。この光景は一〇年前の繰り返しだった。イタリアの政界は、映画『トゥルーマン・ショー』の舞台装置になったかのようだった。遊園地の回転木馬に乗った俳優が現われては消える。俳優の顔ぶれは同じだが、彼らの表情は現われるたびに疲労の色が濃くなっている。そして事態は何も変わらない……。

日刊紙『コリエーレ・デラ・セラ』の二人の記者が執筆した著書『身分階級制度』は一〇〇〇万部を超えるベストセラーになり、エリート層に対する大衆蜂起のマニフェストになった。イタリアの市会議員から大統領に至るまで、政治の特権階級の実情を詳述するこの著書により、有権者の憤りは増し、グリッロのブログの内容はさらに辛辣になった。カサレッジオは時機到来と判断した。グリッロの信奉者たちが蓄積した怒りを、バーチャルから街頭という物理的なはけ口に移し替える時が訪れたと悟ったのだ。

九月八日はイタリア人にとって特別な日だ。というのも、イタリアが連合軍に対して休戦と降伏を宣言したのは、一九四三年のこの日だったからだ。二〇〇七年の晩春、こうした文脈からグリッロ／カサレッジオは、「『ブログ仲間の集会』を開く。開催日は九月八日だ」と熱く呼びかけた。このときグリッロは、ブログに叙情的な表現を多用する文書を投稿した。

「九月八日には特別な思いがある。政治に竜巻が発生する気配を感じる。竜巻が発生する条件は整っている。イタリアは一九九二年に変わるチャンスがあったが、そうはならなかった。勝利したのは、ロビー団体と既得権者だった。第二共和政は揺りかごの中で息を引き取ったのだ。（…）

吹き荒れる竜巻からは、腐った木、縄、雹《ひょう》、激しい雨の匂いが漂う。イタリアは圧力鍋のようなものであり、今度爆発すれば、国民全員、つまり国家さえ巻き添えを食らうだろう。（…）今年の夏は暑くなる。そして九月になると「ヴァッファンクーロ・デイ（Vaffanculo Day：くそったれの日）」、すなわち「Vデイ」がある。われわれは、ノルマンディー上陸作戦のDデイと映画『Vフォー・ヴェンデッタ』の描く陰惨な近未来のちょうど中間に位置する。九月八日の土曜日に、イタリア各地で集会を開くことにした。一九四三年以来、何も変わっていないことを思い起こすためだ。当時、国王は逃亡し、国家は混乱状態に陥った。今日、政治家たちは宮殿に閉じこもっている。「Vデイ」は参加型の情報提供の日だ。今後も私のブログに注目すると同時に、この集会に参加してほしい」

むき出しの怒りをちりばめた派手な見出しで飾られた「ヴァッファンクーロ・デイ」開催の告知は、ネット上ですぐに話題になり、《ミートアップ》の利用者を超えて拡散した。

この動きに気づかなかったのは主要メディアだけだった。「Vデイ」開催の一週間前、グリッロは記者会見を開いてこの集会の意義を説明しようとしたが、参加申し込みがあったのは地元紙の記者一人だったため、記者会見は中止を余儀なくされた。「Vデイ」が開催されるまでの数日間、紙メディアもテレビ局もグリッロ／カサレッジオの企画を無視した。

ところが九月八日、ボローニャのマジョーレ広場には、近年になく大勢の人びとが訪れた。イタリア各地の二〇〇か所ほどの広場にも大勢のサポーターが集結し、抑圧的で腐敗した政治層を糾弾するグリッロの「くそったれ！《ヴァッファンクーロ》」という叫びに唱和した。彼の唱える「国会議員の任期は二期まで」

などの改革案を盛り込む「清廉潔白な国会」構想には、三〇万人以上の署名が集まった。
これは既存の政治体制にとって大きな衝撃だった。誰もこのような大変動が起こるとは予想もしていなかったからだ。二〇〇七年当時、ほとんどの政治家にとってメールの管理は秘書の仕事であり、インターネットは未知のテクノロジーだった。

このときから、グリッロはメディアの寵児になった。メディアはこの現象を理解しようと努め、政治家たちは怒り狂った有権者たちで埋め尽くされた広場の様子を恐る恐る観察した。当時、グリッロ／カサレッジオは、自分たち自身で直接政治を行なおうとは思ってもおらず、獲得しはじめた勢力は従来の政党に投入しようと考えていた。

カサレッジオが懇意にしていたのは、アントニオ・ディ・ピエトロという政治家だ。彼は、検察官として「清廉潔白な手《マーニ・プリーテ》」と呼ばれた汚職捜査を指揮したのち、自身の政党を設立し、ロマーノ・プローディ率いる中道左派に加わっていた。グリッロ／カサレッジオは、中道左派の一本化を目指した新党――「民主党」に注目していた。グリッロもカサレッジオも左派ではないが、黎明期における彼らの信奉者の大半は左派の支持者だった。彼らはおもに若者であり、環境や労働の問題に敏感であり、従来の政治とは縁遠く、汚職に関連する無駄遣いに憤慨していた。

だが、グリッロ／カサレッジオが言い寄っても、左派の政治家はつれなかった。プローディに面会を申し込んでも、三〇分しか時間をくれなかった（後にグリッロは「面会中のプローディは目を閉じており、居眠りしていたようだった」と語っている）。グリッロが新党「民主党」の予備選に出馬したいと名乗り出ると一蹴された。この党のある幹部は、図らずも次のような予言めいた言葉を口にした。

「グリッロが自分の政党を立ち上げたいのなら、自身を前面に押し出せば有権者の支持を得られるだろう」

こうして、グリッロとカサレッジオは、自分たちだけで闘う決心をした。彼らには熱狂的な支持者もいた。支持者からは「グリッロの候補者」と名乗り出て、地方選に出馬する者も現われた。この好機を逃すことはできなかった。

カサレッジオは支配欲の強い人物だ。彼は長年にわたって歴史上の征服者を研究してきたという。彼がとくに敬愛するのはチンギス・カンだった。チンギス・カンはきわめて効率的な通信システムを持つ帝国の支配者であり、帝国内のどこにでも指令を送ることができた。カサレッジオは、モンゴル帝国の皇帝チンギス・カンが士官を選ぶ方法に感嘆していた。すなわち、重視するのは、出自や経験よりも揺るぎない忠誠心だった。

したがって、カサレッジオは、自分に従わない者は断固として処罰するという、凝り固まった考えの持ち主だった。彼は「少しでも疑念があれば疑念だらけ」という文句を呪文のように唱え、自分の考えに一〇〇パーセント従わない人物を徹底的に排除した。

カサレッジオは、インターネットとバイラルマーケティング〔ウィルスのように情報を拡散するマーケティング手法〕の専門家である息子ダヴィデとともに、「五つ星運動」の組織モデルを開発した。このモデルは、下層部の参加に基づくという、一見したところ開放的な構造になっているが、実際には下層部がシステムに働きかけることはできず、上層部がシステムを制御する仕組みだった。

息子ダヴィデ・カサレッジオは、父親に勧められて読んだ本に紹介されていた、ＳＮＳを蟻塚に例える解説に大いに納得したという。「蟻は、各自に割り当てられた一連の決まりに従う。これらの決まりを通じて、中央集権的ではない高度に組織化された構造ができあがる。蟻の行動様式は、状況、移動空間、他の蟻の行動様式に反応する」。

このシステムが自己組織型であるとしても、蟻塚を上層部から観察してその推移を決定するデミウルゴス〔創造神〕の役割が不要というわけではない。息子ダヴィデは次のように記す。「局所的な相互作用に関する情報があれば、システムの推移を理解し、さらには修正することができる。たとえば、蟻塚では、蟻は自分と同じ役割を担う蟻に一定数以上会うと、自分の役割を変えるという決まりがある。この決まりからは、蟻たちの意思決定を理解できる」。

しかし、蟻塚のようなシステムを機能させるには、三つの基本的な条件が必要になる。一つめは参加者の数が大勢であること。二つめは偶然の出会いがあること。三つめは参加者にはシステム全体の特徴がわからないことだ。「蟻は蟻塚の仕組みを知ってはいけない。なぜなら、どの蟻も一番楽な役割を担いたがるので、蟻塚内の協調体制に乱れが生じるからだ」。

カサレッジオ親子は蟻塚の考察に基づき、自分たちの運動の基礎を築いた。分権化されているように見える複雑な組織では、蟻はプロジェクトの概要や自分以外の蟻の役割を知ることはできない。そうした情報は全知全能のデミウルゴスだけが把握する。漫画のように思われるかもしれないが、これこそがグリッロが二〇〇九年一〇月四日にミラノの劇場で発表した新生「五つ星運動」の組織理念である。

「五つ星運動」は「非団体」であり、その「非定款」の第一条には次のような定めがある。「「五つ星運動」は、ブログ《le blog www.beppegrillo.it》から誕生し、このブログを震源地とする討論と協議のためのプラットフォームであり、手段である。「五つ星運動」への連絡は、電子メールmovimento5stelle@beppegrillo.itを通じてのみ行なわれる」。

実際に、「五つ星運動」は政党でも団体でもなく、グリッロ／カサレッジオが管理するブログであり、このサイトにリンクする電子メール・アドレスにすぎなかった。「五つ星運動」の方針を絶対的に支配するのは、このプラットフォームの管理者だった。「非定款」の第三条には、「「五つ星運動」の名称を使用する際は、ベッペ・グリッロという登録商標を明記しなければならない」と定められている。

「五つ星運動」のこうした私的な構造は、月日の流れにともない登記上のさまざまな変更が施されたが、現在に至るまで実質的に同じである。今日、「五つ星運動」はイタリア最大の政党であり、現政権の閣僚評議会議長ならびに大半の閣僚は「五つ星運動」からの人物だ。しかしながら、「五つ星運動」がジャンロベルト・カサレッジオの後継者である息子ダヴィデが支配する、ほぼ私的な組織であることには変わりがない。

当初から、この点にこそ「五つ星運動」に対する大きな誤解があった。下層部の活動家にとって、インターネットは参加と同義であり、政治の特権階級から権力を奪い取り、それを大衆の手に委ねるという、民主主義革命を実現するための道具だった。

ところが、グリッロ／カサレッジオという二頭体制に象徴される「五つ星運動」のエリートは、そのようには考えていなかった。第一に、インターネットは支配するための道具だった。それは上層部から革命を起こすための媒介装置であり、莫大なデータを捕捉して商業的さらには政治的な目的のために使用する手段だった。

話を二〇〇九年の秋に戻す。下層部の参加という黎明期からの美辞麗句とは反対に、この新たな運動の組織モデルでは、モデルの所有者は鉄拳で自分たちの創造物を導くことができた。参加者は蟻であり、蟻がこの運動を批判したり率先して行動したりすることは禁じられていた。誰もがブログを通じて中央とつながっているが、他の蟻とつながりを持つことは禁止だった。計画から逸脱する者は排除された。

カサレッジオはサポーターのなかでも一部の熱狂的な者たちを、規則に従わないとして排除してきた。そのやり口は単純かつ容赦なかった。「五つ星運動」は政党でも団体でもないため、クリック一つで裏切者をブログから追放することができた。ある日突然、オンライン上のプラットフォームにアクセスできなくなるのだ。また、グリッロの弁護士から「「五つ星運動」のロゴはグリッロだけに使用権がある」と記された警告書が届くこともあった。

反抗的な蟻は排除されたが、従順な蟻には褒美が与えられた。「五つ星運動」が軌道に乗ると、くそったれ《ヴァッファンクーロ》のスポークスマンは、グリッロ以外にも現われた。カサレッジオ・アソシアーティ社が発掘をめざした人材は、政治活動の経験はないが、ウェブ上での活躍に実績があり、しかも上層部の言いなりになる若者だった。グリッロ／カサレッジオのブログが好意的に取り上げた「旬の人物」は、フェイスブックのフォロワー数がたちまち数十万人から数百万人に達した。カサレッジオは彼らの投稿や動画をブログやサイトで紹介し、自身の政党ビジネスに莫大な広告収入を呼び込んだ。

ジャンロベルト・カサレッジオは、「われわれは現実の世界にアバターをつくっている」と熱く語った。「五つ星運動」の指導層は、経験も専門知識もゼロという意外な人物たちで構成されていた。カサレッジオは、こうした仕組みには二重の利点があると考えていた。一つめは、彼らは制御が容易で、必要であれば交代させることのできるアバターであることだ。二つめは、彼らの無知や拙い文章、ジャーナリストや政敵が大喜びしそうな度重なる失態により、カサレッジオのアバターたちの人間味は増し、かえって大衆との近しさや、政治的特権階級との違いを演出できたことだ。

二〇一二年になると、ブログ（beppegrillo.it）だけでなく他のサイトも登場した。たとえば、ウェブＴＶの《ラ・コーザ》や、閲覧数だけに基づきオンライン上のニュースを拾い上げて紹介するニュースサイト《ツエツエ》だ。この段階において「五つ星運動」は、カサレッジオがずっと以前に理論化した「パラレルな現実」の構築において質的な飛躍を遂げた。グリッロの信奉者にとり、バーチャルな世界を抜け出して従来のメディアを頼りにする必要はもはやなかった。というのも、「五つ星運動」はカサレッジオ・アソシアーティ社が制作する情報を独自の経路で配信できたからだ。これらの情報はフェイスブックなどのＳＮＳで急拡散するように仕組まれていた。

派手で暴力的な見出しは、しばしば読者の誤解を招いた。たとえば、「恥ずべき」「悪い知らせ」「これがイタリアの現実」「あなたは憤りを覚えるだろう」「もう我慢できない」「袋小路だ」といった文句から始まる見出しだった。本文を読み始める前から、これらの情報が喚起したい感情（おもに否定的）が予測できた。真実であることもあるが、往々にして虚偽の情報を提供したのちに、読者に「シェアしよう！」「拡散希望！」「一人でも多くの人に！」と呼び掛けた。当然ながら、情報の唯一の選択基準はクリック数だった。

大きな反響のあったニュースは繰り返し大きく扱われ、深掘りされた。それらのニュースは討論や政治活動の対象になり、「五つ星運動」の推進力になった。一方、退屈だが重要かつ正確なニュースは隅に追いやられた。現実であれ想像の産物であれ、陰謀や汚職を糾弾するニュースが最優先された。

誕生から三年後、カサレッジオのテクノ政治組織は成熟し、高度な発展を遂げた。彼らはイタリア政治の必然的な衰退というチャンスを最大限に利用した。二〇一一年、ローマではベルルスコーニがセックス・スキャンダルと金融危機に見舞われ、辞任に追い込まれた。後任には、緊縮財政を学者風の口調で唱える冷淡な雰囲気の元大学教授マリオ・モンティが就任した。国会のほぼすべての政党がモンティの政策を支持した。グリッロが「厳格《リゴール》なモンティ」とあだ名をつけたマリオ・モンティは、「五つ星運動」の格好の餌食になった。

グリッロ／カサレッジオのブログとカサレッジオのサイト群では、「奴らも同じだ」「奴らはイタリア国民を滅ぼした」「奴らをお払い箱にしよう」といった文句がしつこく繰り返された。

経済活動は低迷し、失業率は一三パーセント、国民は重い税負担に苦しむなか、イタリア国民は「五つ星運動」の単純で通俗的なスローガンに共感を示すようになった。数か月間に「五つ星運動」はイタリア国民が熱心に支持する政党になり、イタリアの北部でも南部でも、若者にも年配者にも人気があり、左派からも右派からも票を得ることができた。

こうして二〇一三年二月の総選挙では、「五つ星運動」は得票率二五パーセントに相当する九〇〇万票弱を得て、最も多くの票を獲得した政党になった。これはグリッロ／カサレッジオという奇妙なカップルの勝利であるとともに、彼らの衰退の始まりでもあった。

総選挙後も、創設者たちはまたしても自分たちの路線を押し付けた。すなわち、「決して妥協しない。連立に加わって政権に入ることはしない」だった。「五つ星運動」は連立政権を組もうという民主党の誘いを断り、傲慢にも野党に留まった。「五つ星運動」が体制側になったとしても、その姿勢を変えることはなかっただろう。彼らの目的は相変わらずだった。すなわち、メイド・イン・カサレッジオの直接民主主義の名のもとに、代議制民主主義の基盤を内部からぶち壊すことだった。

カサレッジオにとって「五つ星運動」から選ばれた一六三人の国会議員は蟻であり、彼らは蟻であり続けなければならなかった。カサレッジオは、「彼らは「五つ星運動」のために国会議員になったのであり、政治を行なう必要はない。彼らは計画の道具にすぎず、自分たちが署名した契約書の決まりを遵守しなければならない。単純な話だ」と語っていた。

当選の翌日から議員に課せられる屈従と管理は枚挙にいとまがない。たとえば、個人の電子メールやフェイスブックなどのSNS上の個人のアカウントのパスワードをカサレッジオ・アソシアーティ社に提出しなければならなかった。全知全能のデミウルゴスにとって唯一重要だったのは、カサレッジオ・アソシアーティ社が彼らのデジタルな存在を完全に支配することだった。

一方、ベッペ・グリッロは国会と民主制度を激しく非難した。「幼虫の抜け殻」、「マグロの缶詰」などと形容し、グリッロは国会を腐した。

二〇一〇年秋、「五つ星運動」は初の「ムール貝の日」を企画した。この日、ローマの代議院前には「グリッロの信奉者」が集結した。グリッロのブログには次のように記してあった。

「悪党の烙印を押された者たちだけでなく、宮殿内に居座る者たちも退出すべきだ。岩壁に張りつくムール貝のように特権にしがみつく奴らには、小銭だって恵んでもらう資格がない。国会議員を名乗る奴らは、殻ごとはぎ取るべきだ。(…)はぎ取った殻を他の国会議員に送りつけたり、国会の階段に並べたりして、奴らの退出を促してはどうだろうか」

「五つ星運動」から一六三人の国会議員が選出されたからといって、グリッロが穏健な路線に転じることはなかった。それどころか、彼はこの快挙を「ローマ進軍」と評した。これは一九二二年のムッソリーニによる政権奪取クーデタを想起させた。グリッロのブログには次のように記してあった。

「明日、国会が閉会しても誰も気づかないだろう。国会は見せかけにすぎず、死者の記念碑であり、第二共和政の悪臭を放つ墓だ」

だが、「五つ星運動」が民主制度に浴びせる暴言は、カサレッジオの装置が全方位にまき散らす暴言の一端にすぎなかった。イタリアでは、ジャーナリストやコメンテーターなら「五つ星運動」に関する記事を書くだけで、批判どころか侮辱の嵐に見舞われた。

二〇一三年末になると、グリッロ／カサレッジオのブログには、「本日のジャーナリスト」という欄が登場した。血祭りに上がるのは、往々にして「五つ星運動」を批判した記者だった。これらの記者はイタリアのメディアの悪意と腐敗を示す例として晒され、ネット上で侮辱や脅迫の対象になることもあった。

二〇一五年以降、「国境なき記者団」の年次報告書に、イタリアの報道の自由を制限している要因の一つとして「五つ星運動」が挙げられたことにも頷ける。二〇一七年、国際ジャーナリスト協会は次のように記した。「イタリアにおけるジャーナリストに対する暴力（言葉や身体による威嚇、挑発、恫喝）の度合いは深刻だ。とくにベッペ・グリッロのような政治家が、自分の気に入らないジャーナリストの氏名を堂々と公表するようになっただけに、報道の自由は脅かされている」。

「五つ星運動」の参加者全員がデジタル・スクアドリズモ（組織的暴力を基盤にする政治行動）を実践していたわけではないが、彼らの攻撃的な態度は、他の政治グループよりもはるかに顕著だった。しかしながら、その背後ではデータを用いた本当の闘いが繰り広げられていた。すなわち、カサレッジオ・アソシアーティ社が一〇年以上にわたるブログ活動で収集したデータや、「五つ星運動」のアバターたちが他のサイトやＳＮＳから得たデータである。

「五つ星運動」の代議院担当の元広報責任者ニコラ・ビヨンドと、二〇〇七年から二〇一〇年までジャンロベルト・カサレッジオの腹心だったマルコ・カネストラーリは、「五つ星運動」の舞台裏を暴露した。彼らによると、「五つ星運動」内部の力学も、構成員のデータを掌握することにかかっていた。すなわち、カサレッジオ親子と、ベッペ・グリッロや折々に現われる新顔アバターたちとの関係も、すべてデータが支配した。どの政治集団にも権力闘争はつきものだが、「五つ星運動」の特徴は、こうしたデータ管理が秘密裡に行なわれることだった。これはほとんどの人に気づかれないうちに参加者の頭脳を支配するというオーウェル的な試みだった。

一方、これらのデータには商業的な価値もあった。ビヨンドとカネストラーリは次のように記している。

「カサレッジオ・アソシアーティ社は、慈善団体ではなく有限会社だ。よって、この会社はデータ管理に強い関心を持っていた。「五つ星運動」とつながりのある人の素性、つまり、彼らの住所、政治的な嗜好、寄付額などを把握することには、潜在的に計り知れない商業的な価値があった」

また、「五つ星運動」の選挙戦略でもデータが重視された。「五つ星運動」に限った話ではないが、政党のリーダーを目指す者にとり、地域やある特定のテーマに関する有権者や国会議員の意見を把握すれば、選挙戦を有利に進めることができる。たとえば、ディマイオにせよ誰にせよ、「五つ星運動」の主導権を握りたいのなら、データは欠かせない。「五つ星運動」の国会議員のうち、誰が執行部の決定に従い、誰が逆らうのか。姦通罪の廃止や同性婚に誰が賛成で、誰が反対なのか。こうしたデータの把握には大きな意味があった。

カサレッジオ父はデータを徹底的に管理することによって、自身の創造物がイタリア最大の政党になっても、これを独占的に管理することができた。彼はこの政治的な実験を発展させつづけた。

二〇一六年の春、「五つ星運動」はついに公共部門のデジタル民営化計画を実現に移す機会を得た。民主党のローマ市長が一連のスキャンダルで辞任を余儀なくされると、後任には「五つ星運動」の候補者が最有力になった。カサレッジオが六月の市長選の候補者に選んだのは、行政経験皆無で無名の女性弁護士ヴィルジニア・ラッジだった。

しかし、全知全能のデミウルゴスは、彼女をまたしても単なるアバターに仕立て上げた。永遠の都ローマの管理者は彼女ではなかった。ラッジはローマ市長選の出馬に際して「五つ星運動」と契約書を秘密裡に交わしていた。この契約書には「重要な行政や法的に複雑な問題に関する案件は、「五つ星運動」の執行部指名のスタッフによる技術的・法的な判断に委ねる」と記してあった。この契約書の第四aには、「情報発信と市民参加のための公式の手段」は、ローマ市長のインターネット・サイトではなく「五つ星運動」のブログ（www.beppegrillo.it）にすると定めてあった。この契約書の第四bには、市長の広報担当者の任命権はグリッロとカサレッジオにあると記してあった。市長が契約書の定めに違反した場合、ラッジは一五万ユーロの違約金を支払わなければならなかった。

イタリアの法律では、このような契約は違法であり、市長が裁判を起こせば、契約は無効になる。しかし、そうした契約書が存在し、将来のローマ第一市民がそれに何のためらいもなく署名したという事実こそが、カサレッジオの実験のオーウェル的な特徴を改めて感じさせる。

カサレッジオにとっては残念なことに、彼にはローマの実験をやり遂げる時間も、二年後の総選挙での「五つ星運動」の勝利を見届ける時間もなかった。二〇一六年四月、重篤な病にかかった彼は、ミラノの病院で息を引き取った。ちなみに、この病院にはジャンニ・イゾラート〔孤独者〕という偽名で入院していた。政治にハッピーエンドは存在しないことが改めて証明された。

死の数日前、カサレッジオは病床から自分の後継者に息子ダヴィデを指名し、イタリアの主要政党になった「五つ星運動」の舵取りを託した。このとき、瀕死の父親は「ルソー協会」を設立し、息子をこの協会の終身会長に据えた。

誕生まもないこの協会の目的は、「デジタル民主主義の発展を促進し、「五つ星運動」を支援すること」だった。「五つ星運動」の新たな定款の第一条には、「ルソー協会」は「五つ星運動」の情報統制に責任を持つと記してあった。北欧諸国の海賊党〔著作権法などの改革を主張する政党〕や、eデモクラシーを訴えてガラス張りのオープンソース型のプラットフォームに依拠する政治勢力とは異なり、「五つ星運動」の政策決定は、完全な密室で行なわれていた。党の基盤とも言えるサイトは、カサレッジオの息子を会長にいただく「ルソー協会」に属する。実際にサイトの運営を担うのは、同じく彼が会長を務める民間企業カサレッジオ・アソシアーティ社に他ならない。プラットフォームの運営に関する規約なども非公開だった。ルソー協会は中身のわからない不気味なブラックボックスであり、協議の結果だけが発表された。ようするに、カサレッジオ息子の意向だった。「五つ星運動」から出馬する候補者の名前、政策テーマの決定、反乱分子の追放などだ。

こうした独裁体制を鑑みると、近年、党内のオンライン投票の参加者が減少しつづけているのも当然だろう。今日、党の方針はごく一部の者のクリックによって決定する。全知全能のデミウルゴスは死亡し、カサレッジオの最大のアバターを務めた道化師グリッロは隅に追いやられた。そしてダヴィデは自身の握る全権をきわめて慎重かつ平然と行使した。

カサレッジオ父は独学で才能を開花させたが、カサレッジオ息子はイタリアの名門私立大学ボッコーニ大学で経営経済学の学位を取得していた。内気で几帳面なダヴィデは、チェスの名手であり、スキューバダイビングを趣味としていた。彼には、父親の持つ理想主義的なところはなかった。彼をよく知る者たちによると、ダヴィデのおもな関心はビジネスだという。彼にとって「五つ星運動」は、社会体制のあり方に特別な影響力を持つ組織だった。彼は、この組織を利用すればイタリアはもちろん、今後は外国のさまざまな扉を開くことができると考えていた。二〇一八年三月四日に行なわれた総選挙ののち、「五つ星運動」が上下両院の第一党になり、イタリア政治と同一視されるようになっても、彼は舞台裏から信頼できる部下を操るという、それまでのやり方を変えなかった。「五つ星運動」、そしていまや政府の戦略的な決定は、すべて彼の裁可を必要とするようになった。

イタリア政界の中央舞台は、「五つ星運動」の目を疑うようなアバターたちで埋め尽くされた。首相のジュゼッペ・コンテ、「五つ星運動」暫定党首のルイジ・ディマイオ、代議院議長のロベルト・フィコ、鉄砲玉のアレッサンドロ・ディ・バッティスタだ。カサレッジオ息子は、政治的な理由だけでなくビジネス上の利得に応じて、彼ら全員を簡単に交代させることができた。さまざまな確執を避けるために、「五つ星運動」では定款によって「当選した議員の任期は二期まで」と定めてあった。

西側民主国にとって前例のないこうした状況を目の当たりにして、ようやくわれわれはカサレッジオ父の先見の明を理解した。彼が構想したのは、アナログとデジタルという二つの要素の対等な結合に基づく政治運動だった。これほど強力な統合はそれまで存在しなかったため、理解するのに時間がかかったのだ。

既存の政治システムと比較すると、この仕掛けには二つの大きな特徴があった。

一つめの特徴は、「五つ星運動」は「国民」の一部ではなく全体を代表しようとする意味において、全体主義的な要素を持っていたことだ。カサレッジオ父は自身の運動を通じて、イタリアを新たな政治体制に導こうとしていた。時代遅れの代議制民主主義の駒に仕立てるつもりなどなかったのだ。カサレッジオ父の目指す直接民主主義では、国民の代表は姿を消す。なぜなら、社会のすべての領域に拡張するオンライン協議を経てさまざまな決定を下すのは国民自身だからだ。

二つめの特徴は、全体主義という野望を持つ「五つ星運動」は従来の政治運動とは異なり、グーグルのページランクのように機能することだ。「五つ星運動」には、展望も計画もなければ、前向きな提言もない。なぜなら、「五つ星運動」は「国民の話題になりそうなテーマ」を掲げて民意を得るために構築されたアルゴリズムだったからだ。国民の関心が移民問題に集まっているのなら、「五つ星運動」はこの問題に関する最も民意を得られそうな見解を表明することによって国民の人気を得る。つまり、当時で言えば「北部同盟」〔移民排斥を訴える極右政党〕と似たような見解を提示する。

こうしたやり口は、共通通貨ユーロや金融制度についても同様だった。これらのテーマに関する世論の風向きが変われば、「五つ星運動」は、それまで何度もそうしてきたように躊躇することなく立場を変える。カサレッジオ父の開発した党のアルゴリズムの目的は、国民を政治の消費者として扱い、彼らの需要を迅速かつ効率的に満たすことだった。そうした商業志向は党ビジネスの礎石であり続けた。ダヴィデ・カサレッジオは日刊紙『コリエーレ・デラ・セラ』のインタビューにおいて、「五つ星運動」の運営を商業チェーン店の経営のように語っている。

「われわれは最良のサービスを国民に提供することを約束する。国民の要望を体制に効率よく届ける。(…)従来の政党政治が映画の大ヒット作のようなものだとすれば、われわれはネットフリックスのようなものだ」

第三章

地球を征服するウォルドー

二〇一三年二月二五日、信じられないような偶然が起こった。イタリアの総選挙において「五つ星運動」が政党で最多得票（得票率二五パーセント）を獲得したまさにその日の晩、イギリスのテレビ局「チャンネル4」は、この現象をどんな政治社会学者の論説よりも明快に解き明かすドラマを放映したのだ。風刺ＳＦシリーズ『ブラック・ミラー』のその日のエピソードは、くだらないトーク番組の場面で幕を開ける。司会者の相手役を務めるのは、青い熊の「ウォルドー」。画面に映し出された二次元のアニメーション・キャラクターだ。その日のゲストは、保守党の元文化大臣という設定の、傲慢な男リアム・モンロー。子熊のウォルドーはモンローを口汚く嘲《あざけ》っている。そのウォルドーに、舞台裏で声を当てているのは厭世的なコメディアン、ジェイミーだ。彼は子熊を通じてモンローを罵倒し、自分の考えを述べている。

しばらくすると、この子熊は視聴者の人気者になった。ドラマのなかの番組プロデューサーは、「視聴者はウォルドーをもっと見たがっている」と確信した。保守党のある議員が小児性愛スキャンダルで辞任を余儀なくされ、リアム・モンローがその後任候補になったとき、このプロデューサーは、モンローの選挙運動をからかうことを思いついた。モンローをしつこく追い回すのだ。追い回し役に抜擢されたのはウォルドーだった。

選挙戦当初、モンローは自分につきまとい、嘲り、侮辱するウォルドーを無視しようとした。だが、問題はこの子熊が聴衆の笑いをとることだった。紋切り型の表現を使って話す政治家たちとは反対に、この子熊は明瞭な言葉で聴衆を笑わせた。大衆から支持されたウォルドーは、ついに候補者たちが出席する公開討論会に参加することになった。だが、この子熊を背後で操っていたジェイミーは、討論会への参加に乗り気でなかった。ジェイミーがプロデューサーに「真面目な質問にどう答えてよいのかわからない」と訴えると、「コミカルなキャラクターがまともに答えるとは誰も思っていないよ」と一笑された。

公開討論では、モンローは青い子熊を使ったパントマイムに終止符を打とうとした。

「この子熊の公開討論への参加は、われわれの民主主義の価値を貶める。この子熊は漫画のキャラクターにすぎず、ちょっとした冗談以外、何も提案しない。手持ちの冗談が尽きると、相手を侮辱する。この子熊の背後にいるのは、人生において何も成し遂げたことのない三三歳の売れない劇団員だ。何か提案があるのなら発言しろ。そうでないのなら引っ込んでろ。ここは本物の候補者たちが語る場だ」

この反撃に、ウォルドーは一瞬怯《ひる》んだが、すぐに切り返した。

「お前なんか、くたばってしまえ。お前は青色のペニスを持つ子熊のキャラクターである俺よりも人間味がないじゃないか。お前ら政治家はみんな同じだ。民主主義が悪い冗談になり、民主主義が何のためにあるのか誰にもわからなくなったのは、お前たちのせいだ」

ウォルドーのこの演説は、SNSを通じてたちまち拡散し、ユーチューブでの再生回数は数百万回に達した。

政治コメンテーターたちは、「世間はこれまでの政治にうんざりしている。この子熊は社会から取り残された人びとの代弁者だ」と熱く語った。ウォルドーは真面目な番組にも出演しはじめた。司会者たちが彼の無礼と無知に憤慨した振りをすると、彼は「偽善者は黙ってろ。お前は俺のおかげで、人生で最も多くの「シェア」を得られるんだぞ」とうそぶいた。

選挙戦に向けて、プロデューサーたちは投票所に向かうウォルドーの支持者たちの位置情報を割り出すアプリケーションを開発した。支持者はこのアプリケーションを利用すると、ちょっとした景品と冗談を得ることができた。

ウォルドーのプロデューサーたちに接触を図ったアメリカのある情報操作屋は、「現在のところ、ウォルドーは非政治的な存在だ。だが将来的には、どんな政治内容であっても、その伝道者になれる。そしてこの仕組みは世界中で通用する」と豪語した。ジェイミーが皮肉を込めて「プリングルス〔世界中で販売されているポテトチップスの商品名〕のようにか」と嘲笑うと、このアメリカ人は「その通り。プリングルスのようにだ」と大真面目に頷いた。

ウォルドー役は、良心の呵責に耐えかねたジェイミーに代わって、チーフプロデューサーが引き継いだ。チーフプロデューサーはウォルドーの支持者を煽動し、さらに暴力的な行動に出た。選挙では、ウォルドーは僅差で敗れたが、そんなことはどうでもよかった。この現象はもはや制御不能だった。

選挙結果が発表されると、ウォルドーは自身の支持者に対し、「靴を脱いでモンローに投げつけろ」と煽動した。靴の山に埋まったモンローの姿は、すぐにSNS上で拡散した。

公用車に乗ったモンローは憂鬱な表情を浮かべ、「ウォルドーのような奴が反対勢力になれば、政治システム全体が不条理だと証明されてしまう。たとえそうした不条理な政治システムがこの道路を整備してきたとしてもだ」と呟いた。

このドラマの結末は、時は選挙から数年後、舞台はSF映画『ブレードランナー』に登場するような巨大都市だ。制服姿の民兵からなるパトロール隊が警棒を振り回し、橋の下で寝泊まりしている浮浪者を追い払っている。浮浪者のなかには、巨大スクリーンの前で立ち止まったジェイミーの姿があった。スクリーンには、地球の各地から送られてくる映像が映し出されている。ウォルドーの青色の制服を着たアジア人の小学生たちや、ウォルドーの姿が描かれた軍用機などだ。これらの映像には、変革、希望、信念、未来といった新政府の空疎なスローガンが、さまざまな言語に翻訳されて提示されている。体制になった反体制が、カーニバルの仮面の裏側で鉄の体制をつくり上げたのだ。

ウォルドーのドラマが最初に放映された二〇一三年二月、イタリア人以外の視聴者は、これは現実には起こりえない風刺ドラマだと思っただろう。当時、ドナルド・トランプはまだNBCのリアリティ番組の派手な司会者であり、イギリスやフランスなどのヨーロッパ諸国でも、従来の政党に属する代わり映えのしない政治家がそれまでどおりのやり方で権力を振るっており、彼らが変化に見舞われる兆《きざ》しはまったくなかった。

ところが、このドラマの放映から数年後、世界各地でウォルドーが権力を握るようになった。それゆえ、怒り、パラノイア、不満を糧にするこの珍獣の特徴を研究する価値は充分にあると言えよう。

ドイツの哲学者ペーター・スローターダイクは、二〇〇六年に出版した著書において、怒りの政治史を記した。彼によると、すべての社会には抑えがたい情念が宿っているという。そうした情念が表面化するのは、人びとが怒りを抱くときだ。冒瀆された、排除された、差別された、自分の意見を充分に聞いてもらえなかったなど、根拠があろうがなかろうが、人びとのこうした怒りが社会の情念に火をつける。

歴史を振り返ると、この蓄積された巨大な怒りに対し、はけ口を最初に提供したのは教会だった。そして十九世紀末からこの役割を教会から引き継いだのは左派政党だった。スローターダイクによると、左派政党は「怒りの銀行」としての機能を約束し、人びとから預かった怒りをすぐに消費するのではなく、蓄えつづけることによって、より広範な計画に投資することができたという。

これは難易度の高い作業だった。なぜなら、怒りと恨みを絶えず煽りつづけると同時に、これらの感情が各人の私的な怨念として浪費されるのではなく、社会全体の計画を成し遂げるために利用されるように誘導しなければならなかったからだ。そのためには、これらの感情を制御する必要があった。こうした図式があったからこそ、敗者は左派活動家に変身して、彼らの怒りは政治的なはけ口を得ることができたのだ。

ペーター・スローターダイクによると、今日、人びとがため込んだ怒りを制御できる者は誰もいないという。終末論、普遍的な審判、あの世での敗者の巻き返しといった概念を断念せざるをえなかったカトリック教会然りであり、自由な民主主義と市場のルールを受け入れた左派然りだ。結果として二十一世紀初頭以降、グローバリゼーション反対運動や都市部郊外の反乱などのように、人びとの怒りはますます無秩序な形で表現されるようになった。

スローターダイクのこの著書が出版されてから一〇年ほど経過した今日、怒りの勢力は再編成を経て新たなポピュリズム銀河で活動しはじめた。東欧諸国、アメリカ、イタリア、オーストリア、スカンジナビア諸国などでは、彼らの政治力は日増しに強まっている。

これらのポピュリズム運動には、個々の違いはあっても、共通することがある。それは、右派であるか左派であるかに関係なく、従来の政治エリートを懲らしめることを政治課題のトップに据えていることだ。これらの運動において政治エリートは、民意を裏切ったと糾弾されている。つまり、彼らは「サイレント・マジョリティー」に奉仕する代わりに、ごく少数派の私腹を肥やす手伝いをしたと烙印を押されたのだ。

ポピュリストの指導者たちは有権者に対し、具体的な政策というよりも与党の指導者の顔面を引っ叩くという機会を提供する。たとえば、イギリスのＥＵ離脱を訴えるチラシだ。このチラシには、満足げな表情を浮かべた首相デイヴィッド・キャメロンと財務大臣ジョージ・オズボーンの似顔絵に、「彼らをもっと喜ばせてやろう。ＥＵ離脱に賛成票を」というスローガンが添えられていた。アメリカではトランプの選挙集会において「あの女を投獄せよ」という大合唱が起こった。あの女とは対立候補だったヒラリー・クリントンだ。

古代ギリシアの時代から、大衆煽動の出発点は権力者を懲らしめることだった。ポピュリストたちの計画が杜撰で非現実的であったとしても、彼らは権力者を懲らしめるという約束だけは守った。彼らが選挙で得票率をわずかに増やす、さらには世論調査の結果から彼らの勢力が増しているとわかっただけでも、従来の政治エリートたちはパニックに陥る。

「いざ権力を握っても公約を守れない」としてポピュリスト旋風を一過性の現象として見下すのは完全に間違っている。なぜなら、ポピュリストたちの革命の最大の約束は権力者を懲らしめることであり、彼らはこの約束を権力の座についた瞬間に果たすからだ。

大衆が激怒する背後には真の原因がある。

多くの有権者が従来の政治権力者を懲らしめたいと願い、ますます過激になるリーダーや政治運動になびくのは、大衆は多民族社会で暮らさねばならないという見通しに怯え、この四半世紀にわたりエリートたちによって急激に推進されてきたイノベーションとグローバリゼーションの過程で、割を食わされたと感じているからだ。

新たなポピュリストたちは、確固たる現実の要請にこたえて登場したのだ。彼らの主張が現実世界に根拠を持たないまったくの妄想だったなら、ウォルドー、トランプ、サルヴィーニ、英国のEU離脱、マリーヌ・ルペンらが、日の目を見ることもなかっただろう。しかし、各種データを詳細に分析しても、現在進行中の激変が、なぜこのような規模で起こっているかについては完全に説明できない。

その証拠として、ほとんどの国において、ウォルドーに賛同するのは必ずしも最貧層ではなく、移民と衝突する社会層や社会の変化に脆弱な社会層だけではないという、単純な事実を挙げることができる。たとえば二〇一六年、トランプの支持者の所得はヒラリー・クリントンの支持者よりも多く、ヨーロッパでは移民排斥を訴える政党の得票率が最も高かったのは、人口に占める移民の割合の低い地域だった。

現代社会にうごめく不信感には客観的な根拠がある。これを否定する者は誰もいない。だが、この不信感は、誰も口にしようとしない真のタブーによっても育まれている。すなわち、エリートたちだけでなく「大衆」も変化したのだ。

アメリカの作家ジョナサン・フランゼンが指摘するように、「突如として、誰もがエリートに対して疑念を抱くようになった」のかもしれない。しかし、インターネット、スマートフォン、SNSの出現が関係している可能性のほうが高いのではないか。シリコンバレーのイデオロギーの基本的な要素は大衆の知恵だ。すなわち、「専門家は信用ならない。大衆はもっと知っている」

である。光り輝くカラフルな小道具に軽く触れれば世の中に関するさまざまな疑問に対する回答が得られる。これをポケットに入れて持ち歩くという暮らしが、われわれに影響をおよぼしたのではないか。

われわれは、自分たちの要求や願いが即座に満たされることに慣れてしまった。どんな欲求であれ、「そのためのアプリがある」(There's an app for that) というアップル社のキャッチコピーが物語るように、われわれ全員が「辛抱する必要などない」という考えに囚われている。グーグル、アマゾン、ウーバーイーツなどのサービスを利用することにより、われわれは自分たちの欲求が形づくられる前に叶うことに慣れてしまった。政治についても同じことが言える。なぜ、国民の要求に一切耳を貸さない前時代の人物たちが取り仕切る、のらりくらりとした非効率な儀式がいまだに続いているのか。

しかし、大衆がエリートを拒絶し、辛抱強くなくなったことの背景には、人間関係の変化がある。われわれは社会的な動物であり、われわれの幸福感は、自身を取り巻く人びとの承認に大きく左右される。他の動物とは異なり、人間は何の能力も持たずに無防備な状態で生まれ、そうした状態がしばらくの期間続く。誕生時から、人間の生存は他者と良好な関係を築くことができるかどうかにかかっている。SNSの放つ悪魔的な魅力は、この原初的な要素に基づいている。

「いいね!」は己のエゴに対する愛撫だ。

黎明期のフェイスブックに資金提供したショーン・パーカーが以下のように静かに認めるように、フェイスブックの構造はわれわれの承認してほしいという欲求に基づいている。

「投稿した写真やコメントに「いいね！」をもらうたびに、投稿者は少量のドーパミンを得る。これは利用者に社会的な認知を繰り返させるという、私のようなハッカーが悪用する類の仕掛けだ。というのも、この仕掛けは人間の心理的な弱点を突いているからだ。私とマーク（・ザッカーバーグ）をはじめとする開発者、それにインスタグラムの開発者ケビン・シストロムは確信犯だ。この仕掛けによって、利用者の人間関係や社会とのつながりは一変する。おそらく彼らの生産性にも何らかの影響をおよぼすだろう。これが子供たちの脳にどんな影響をおよぼすかは、神のみぞ知るだ」

バノンやカサレッジオが登場するかなり以前から、シリコンバレーの魔法使いの弟子たちは、ＳＮＳという強力な装置の開発に取り組んでいた。人間心理の原初的な反応に基づくこの装置は、われわれを癒すために開発されたのではなく、それどころか、われわれを常時不安で物足りない気分にさせるためにつくられたのだ。

ショーン・パーカーやザッカーバーグらの理想の顧客は、少量のドーパミンを求めて一日に数十回、さらには数百回もプラットフォームに訪れる強迫症患者だ。アメリカのある調査によると、われわれはスマートフォンに一日当たり平均して二六一七回もタップしているという。これは健全な精神の持ち主というよりも、一日中「いいね！」を連打する薬物依存症末期にある患者の行動だろう。

したがって、現代人の怒りを理解するには、政治の観点から離れ、政治とは別の論理から検証する必要がある。心理学者たちによると、現代人の怒りは「自己愛的な感情の最たるもの」であり、不安に駆られる青年期の特徴だという。すなわち、孤独や無力といった不安に苛まれるために仲間からの承認を常に求めるとともに、自分は社会に適応していないのではないかと怯える心理状態である。

今日の問題は、ＳＮＳ上ではわれわれ全員が小部屋に閉じこもった若者であることだ。この小部屋では、自分たちの平凡な暮らしと、バーチャルに開かれたさまざまな可能性との間でギャップが広がり続けている。このギャップが原因で、われわれの欲求不満は膨張している。

心理学者たちの説明によると、こうしてわれわれは思春期の子供のように二つのタイプのインターネットサイトに行き着く恐れがあるという。それは、われわれの欲求不満をさらに煽るポルノと陰謀論のサイトだ。

陰謀論のサイトが強烈な磁力を発するのは、われわれの直面する困難に対し、もっともらしい説明を施してくれるからだ。

陰謀論のサイトは、「それは悪魔のような輩のせいだ。奴らは自分たちの目的を成し遂げるためにわれわれを操ろうとする。だが、われわれは真実を解き明かしていく。そうすれば、あなたはあなたと同様に真実に目覚めた人びとと団結できる」と説く。

陰謀論者のメッセージには常にお世辞が含まれている。陰謀論者は人びとの苛立ちと激怒を理解し、そうした感情を正当化する。「それはあなたではなく他の連中のせいだ。あなたが真の正義のために戦うのなら、あなたはまだ立ち直ることができる。大きな目標を達成するには、まずは小さなことから始めよう」と囁く。

シモーネ・レンツィ〔イタリアの作家、シンガーソングライター〕は彼の著書のなかで、ありきたりなエピソードを基に、イタリア人の恨みと激怒が伝染していく過程をユーモラスに叙述している。

「ある日のことだ。ブログで釣銭に関する議論が始まった。釣銭を間違える店員についての議論だ。参加者全員が自身の経験を語り始めた。タバコ屋、新聞の販売店、薬局、カフェでの体験談だ。議論の参加者全員は、釣銭をちょろまかされた被害者だったが、反対に釣銭をもらいすぎた人はいなかった。ある人は二ユーロ、別の人は一〇ユーロを騙《だま》し取られたという。タバコ屋の店員、薬剤師、カフェの店員、タクシーの運転手は、金を騙し取るために釣銭をわざと間違えた。だが、騙すのはやめろと叫ぶ時がついに訪れた。彼らはもう騙されないと意気込んだ。彼らはもはや宇宙に迷い込んだ微粒子のような孤立した存在ではなかった。彼らは軍団〔レギオン〕になったのだ――そこで、イエスが「お前の名は何というのか」とお尋ねになると、「名はレギオン。大勢だから」と答えた〔陰謀論の発生過程を新約聖書「マルコによる福音書5-9」を用いて説明〕」

もちろん、この小話は陰謀論の発生過程のパロディだが、ネット上に氾濫する無数の陰謀論の根底にある偏執的《パラノイア》な力学を物語っている。

SNSは元来、陰謀論を拡散するために開発されたのではない。ショーン・パーカーとマーク・ザッカーバーグは、釣銭のごまかしに憤慨する人びとに特別な関心はないだろうし、「自閉症の原因はワクチン接種にある」、「ジョージ・ソロスはイスラム系移民の流入によってヨーロッパ侵略を計画した」などといった陰謀論を信じていることもないはずだ。しかし、陰謀論がSNS上で機能するのは、動揺、論争、憤り、激怒を引き起こすからだ。これらの激しい感情こそがクリックの原動力であり、利用者をSNSに釘づけにするのだ。

マサチューセッツ工科大学（ＭＩＴ）の最近の調査によると、ネット上では事実に基づくニュースよりもフェイクニュースのほうが七〇パーセント以上も共有されやすいという。一五〇〇人が共有するまでにかかる時間を比較すると、フェイクニュースは事実に基づくニュースの六倍も速いこともわかった。

マーク・トウェインの名言――「真実が靴を履こうとしている間に、嘘はすでに世界の半分に広まっている」は、ついに科学的な裏づけを得たということだ。

フェイスブックの社員は入社後すぐに、この会社の重要な指標が「Ｌ６／７」と呼ばれる変数であることを学ぶ。これは、週七日のうち六日もフェイスブックのプラットフォームを訪れる利用者の割合を示す。この割合を引き上げるには、正確な情報や学友同士のおしゃべりだけでは不充分だ。

ジャロン・ラニアー〔アメリカのバーチャル・リアリティの専門家〕は次のように記している。

「現実を眺めさせるだけでは充分な時間を奪えない。ＳＮＳの会社が利用者をプラットフォームにつなぎとめるには、彼らに怒り、不安、恐怖を感じさせる必要がある。理想は、利用者が他の利用者と共通の認識を持つテーマで奇妙なスパイラルに陥る、あるいは逆に、他の利用者と激しく対立するような状況を生み出すことだ。というのも、そうした状況には終着点がないからだ。ＳＮＳの会社自身がそのような利用モデルを計画したり組織したりすることはない。この汚れ仕事を引き受けるのは第三者だ。たとえば、有害なフェイクニュースを投稿することによって生活費を賄《まかな》っているマケドニアの若者、さらには小遣い稼ぎをしたいアメリカ人などだ」

今日、人類のおよそ三分の一に相当する二二億人がフェイスブックを少なくとも月に一度は利用している。こうしたビジネスモデルがこれらの人びとにどのような影響をおよぼすのかは、まだ完全には解明されていない。しかし、ＳＮＳの普及がもたらす影響の一つとして、社会にすでに存在していた怒りが構造的に強化されたことは明らかだろう。

さまざまな調査からは、ＳＮＳには論争を激化させる傾向があることがわかっている。ＳＮＳにより、論争は辛辣になり、場合によっては暴力につながることさえある。

ミャンマーで活動する複数の非政府組織（ＮＧＯ）はかなり以前から、フェイスブックでのやり取りがイスラム系少数派ロヒンギャに対する迫害を激化させてきたと非難している。たとえば二〇一四年に起こったロヒンギャに対する一連のリンチ事件は、ある仏教過激派がレイプ事件に関するフェイクニュースをフェイスブックによって拡散させたことが主因だったという。そうした事態を受け、政府当局は仏教徒集団の暴発を防ぐためにフェイスブックへのアクセスを制限した。数千件もの投稿を調査した結果、ロヒンギャの人間性を否定することによって彼らに対する暴力の行使を助長し、最終的には大量虐殺にまで至った過程が明らかになった。

ブラジルでは、ユーチューブによってジカウィルス感染症の流行に拍車がかかった。二〇一五年以降、公衆衛生当局がこのウィルスを媒介する蚊を駆除する殺虫剤やワクチンの配布に奮闘していたとき、インターネットには陰謀論を語る動画が続々と登場した。最貧層の住民を根絶しようとする非政府組織（NGO）の陰謀だと訴える動画もあれば、公衆衛生当局がばらまく殺虫剤やワクチンがジカウィルスを蔓延させていると説く動画もあった。これらの動画が拡散したため、人びとの間に不信感が芽生え、子供の生存に欠かせない医療行為を拒絶する親も大勢現われた。あるブラジル人の医師は、メディアの取材に対して、「日々、われわれは「ユーチューブ先生」と闘っているが、勝てたためしがない」と嘆いていた。

ユーチューブの元社員ギヨーム・シャスロによると、ネットでの動画視聴の七〇パーセントを占めるこのプラットフォームのアルゴリズムは、視聴者を極端な内容のコンテンツに向かわせることによって、このプラットフォームに釘づけにするように設計されているという。たとえば、ユーチューブで検索すると、太陽系に関する情報なら地球平面説の動画にたどり着き、健康に関する情報ならワクチン有害説などの陰謀論動画がすぐに現われる。そして政治に関する情報でも、これと同じメカニズムが働いている。ここ数年、ブラジル国民は、新世代の極右ユーチューバーの台頭を目の当たりしている。彼らはプラットフォームを悪用して自身の露出度（そして収入……）を高めている。

ユーチューブのチャンネル登録者数が三〇〇万人を超えるアマチュア・ギタリストのナンド・モウラの動画では、曲の解説やビデオゲームの攻略法に加え、仰天するような陰謀論が飛び交う。また、全身に入れ墨を入れたボディービルダーであるカルロス・ジョルディは、学校で共産主義を広めようとする左翼の教師たちの陰謀を糾弾するための動画を量産して人気を博し、国会議員になった。

また、元ブラジル大統領ジルマ・ルセフの弾劾キャンペーン中に設立された団体「自由ブラジル運動（ＭＢＬ）」は、「ポリティカル・コレクトネスという独裁」に抗うという名目でユーチューブ動画制作部門を設け、この部門では若手の専門家が活動している。二〇一八年一〇月、ＭＢＬの活発なメンバーの一人キム・カタギリは、史上最年少〔二六歳〕で国会議員になった。このとき、ＭＢＬからはカタギリだけでなく五人も国会議員に選出された。

彼らが押し上げて大統領になったのが、ＳＮＳで人気者だった極右の元軍人、ジャイル・ボルソナロだ。首都ブラジリアで行なわれた大統領就任式に集まった支持者たちが「フェイスブック、ユーチューブ、万歳」と叫ぶ姿を収めた動画は大きな話題になった。

次に、ドイツの例を紹介する。『ニューヨーク・タイムズ』紙の調査では、フェイスブックの利用とドイツで暮らす難民に対する暴力との間には、つながりがあることが判明した。過去二年間に記録された三〇〇〇件以上の暴力事件を地域ごとに精査したところ、暴力事件の発生件数は、フェイスブックの普及率と直接的なつながりがあるとわかった。つまり、フェイスブックの利用率が全国平均よりも高い地域では、暴力事件の発生頻度も高かったのだ。この直接的な関係は、農村部であろうが都市部であろうが当てはまった。

デジタル空間でのバカ騒ぎを手なずけることこそ、「カオスの仕掛人」の政治術だ。その例証の一つが極右政党「ドイツのための選択肢（ＡｆＤ）」だ。この政党は「ドイツ版フェイスブック政党」

とも呼ばれている。ドイツの政治学者マルティン・フックスによると、ＡｆＤはフェイスブックを活動の拠点とする点からして、他の政治勢力とは根本的に異なっているという。ＡｆＤも陰謀論を駆使する。ビーレフェルト大学の研究者たちによると、秘密組織が政治に大きな影響をおよぼしていると考える国民の割合は五〇パーセント近くであり、政治家を「闇の勢力の操り人形」と見なす有権者の割合はおよそ三分の一だという。

近年のカタルーニャ州の独立運動の興隆は、デジタルインフラのおかげだ。独立運動の活動家たちは、デジタル・インフラを使ってポピュリストが唱える新しいカタルーニャ・ナショナリズムを広めた。同時に、スペイン中央政府の禁止命令を無視して住民投票を可能にする地下組織もつくられた。また、活動家たちはデジタル・インフラのおかげで、ウィキリークスの設立者ジュリアン・アサンジという類まれな「カオスの仕掛人」の助言も得ることができた。アサンジは、スペインを「バナナ王国」〔第一次産品の輸出に頼る、政情不安定な小国を指す侮蔑語〕と揶揄するツイートを投稿することによって独立派に対する国際的な注目を集めた。また、治安当局の監視から逃れるため、暗号化したメッセージ・サービスを利用するという知恵を活動家たちに授けた。それまで活動家たちは有権者への連絡にチャットアプリ《ワッツアップ》を使っていた。秘密の投票所ごとにグループ・チャットをつくり、投票への参加手続きを伝えていたのだ。しかし、治安当局がこれらのグループの会話に侵入すると、アサンジの助言を踏まえて、連絡手段は、より機密性の高い《シグナル》や《テレグラム》というアプリを利用するようになった。

フランスの「黄色いベスト運動」の原動力になったのは、特定の労働者階級の怒りとフェイスブックのアルゴリズムだった。二〇一八年初頭、フェイスブックのサイトには、「怒れる者たちの集まり」、ガソリン価格の値上げに反対するオンライン署名を訴える団体（数百万人の賛同者を得た）、「フランスは怒っている」（抗議運動に関する情報発信や調整の場になった）などが現われた。「黄色いベスト運動」には、正式な調整役を担う組織が不在だったため、政府当局はフォロワー数の最も多いフェイスブックのページの作成者たちをこの運動のリーダー格として扱った。そしてメディアは彼らをもてはやした。フランスの例でも特筆すべきは展開の速さだった。黄色いベストという安全チョッキを着用するというアイデアは、若い整備士ジスラン・クタールが一〇月二四日にフェイスブックに投稿した動画から誕生した。この動画の再生数は数日後に五〇〇万回以上に達し、三週間後の一一月一七日には、およそ三〇万人が黄色いベストを着用して自主抗議デモを繰り広げた（死亡者は一人、負傷者は五八五人）。

フランスでもフェイスブックは爆発的な影響力を発揮した。あらゆる混沌が燃料として取り込まれ、バーチャルな空間の怒りは、現実の抗議運動として燃え広がったのだ。

抗議運動の根底にあったのは、ガソリン税引き上げなどの政府の政策に対するもっともな不満だったが、カリフォルニア産ＳＮＳの、怒りを燃え上がらせるアルゴリズムは、当初からちぐはぐな要素を巻き込んでいった。極右および極左への反乱の呼びかけ、フェイクニュース、陰謀論などが混ぜ合わさったのだ。なかには、「大統領は法と秩序の維持を口実に警察に武力行使を命じた」とか、

「抗議運動はフランス征服を狙うフリーメーソンの陰謀」といった珍説、憲法学者と称する人物による「マクロンには大統領の資格はない」という主張もあった。さらには、国連が推進する「安全で秩序ある正規移住のためのグローバル・コンパクト」の隠された意図は、白人中産階級を葬り去ることにあるという陰謀説も猛威を振るった。この陰謀説によると、マクロンは大統領を辞任する直前にマラケシュでこの協定に署名して「フランスを売り払う」という。

デモ参加者の怒りを焚きつけた「火炎瓶」の中身は、「フランスは怒っている」のフェイスブックのページを読めば一目瞭然だった。「黄色いベスト運動」の調整の場になったこのページは抗議運動の数日間に数千万回もクリックされた。そこでは、黄色いベストを着用した困窮した参加者たちのもっともな議論や証言の前後に、高給取りの議員や権力追従メディアに対する糾弾、ロシア産のフェイクニュース、さらには大統領官邸襲撃への誘いなどがちりばめられていた。

さまざまな事象、さらには正反対の事象さえ混合する「黄色いベスト運動」の可塑性からも、現代の怒りの発生原因は、経済や社会に関する客観的な不満だけではないとわかる。現代の怒りの発生原因は、すでに述べた二つの大きな傾向が出くわすからでもある。

一つめの傾向は政治の供給面に関することだ。すなわち、大衆の怒りのはけ口になってきた組織が弱体化したことだ。スローターダイクが呼ぶところの「怒りの銀行」として機能してきた教会や大衆政党だ。二つめの傾向は政治の需要面に関することだ。すなわち、極端な感情を煽るために設計されたとしか思えない（実際にそうなのだろう）新たなメディアが出現したことだ。ちなみにマリリン・マエゾ〔一九八八年生まれ、フランスの哲学者〕は、これらのメディアを「臆病者たちのファイト・クラブ」

と呼ぶ。

カオスの仕掛人たちが秀でているのは、この二つの傾向が交わる場所に自分たちを位置づける能力だ。たとえば、ハンガリーの首相オルバーン・ヴィクトルの片腕アーサー・フィンケルスタインだ。二〇一一年春の時点で、フィンケルスタインはこうした状況を次のように叙述していた。

「私は世界のあちこちを旅し、いたるところで膨大な量の怒りが渦巻いているのを目にした。ハンガリーでは、「悪いのはロマだ」というメッセージを掲げるヨッビク〔ハンガリーの極右政党〕が一七パーセントの支持を得た。フランス、スウェーデン、フィンランドでも同様のことが起こっている。アメリカでは、怒りの矛先はメキシコ人とイスラム教徒に向いている。聞こえてくる唯一の叫び声は、「奴らはわれわれの仕事を奪い、われわれの生活様式を乱す」だ。結果として、大衆は、自分たちが敵とみなす対象が誰であろうと、そうした敵を押しとどめる強い政府、そして強面の政治家を求める。彼らは経済についても語るが、彼らの仕事の核心は激怒だ。なぜなら、激怒こそいたるところで増殖する豊富なエネルギー源だからだ」

つまり、怒りこそ莫大なエネルギー源であることに真っ先に気づいたカオスの仕掛人たちは、怒りの暗号を解き明かしてこれを制御するテクノロジーを習得しさえすれば、どんな目的でも達成できると確信したのだ。

ＳＮＳを政治の場に翻訳するウォルドーは、大衆の激怒を糧にして支持者の強力な関与を唯一の原理とする恐るべき装置だ。重要なのは、激しい感情をかき立てる「熱い話題」を大衆に常時提供することだ。

ミラノにあるダヴィデ・カサレッジオの事務所の奥には、「五つ星運動」のさまざまなデジタル・プラットフォームに投稿されたコンテンツの人気度をリアルタイムで表示するスクリーンがある。コンテンツの内容が、肯定的であろうが否定的であろうが、進歩的であろうが反動的であろうが、真実だろうが嘘だろうが、関係ない。注目を集めるコンテンツは加工し直してから再び投稿し、バイラルキャンペーン〔ウィルスのような感染力を誇る広報活動〕に利用して政治的原動力にする。それら以外のコンテンツは「選択基準は注目度のみ」というネット上のダーウィンの法則によって淘汰される。

二〇一四年末以降、マッテオ・サルヴィーニ率いる「同盟」は、「野獣」と名づけた似たような仕組みを利用している。サルヴィーニのSNSでは、反響の大きかった投稿やツイートを割り出し、どんな人が反応したかを詳細に調べ上げる。「同盟」は「野獣」を養うための努力を惜しまなかった。たとえば、二〇一八年の選挙運動期間中に始まったオンラインゲーム「サルヴィーニに勝利を」だ。ゲームの参加者は、「同盟」を支持するコンテンツを投稿するとポイントが得られ、一定のポイント数を獲得すると党首サルヴィーニと実際に会うことができた。このゲームで集めたデータを「野獣」が貪り喰らい、消化してスローガンやキャンペーンという形で吐き出す。このようにして「同盟」は、数十万人、さらには数百万人の有権者を取り込むことができる。

ウォルドーの場合と同様、「野獣」の背後には当然ながら人間が隠れている。この「野獣」の使い手はヴェローナ大学の元教員ルカ・モリシだ。哲学博士モリシはこの大学で一〇年間「哲学から見た情報学」を教えていた。つまり、「デジタル革命が西洋思想の従来のテーマにおよぼす影響」だ。

サルヴィーニは「野獣」の吐き出す内容を参考に「ムッソリーニ2・0」を実行中だ。ちなみに、サルヴィーニに「隊長」というあだ名をつけたのはモリシだ。モリシは次のように語っている。

「偏った議論においてマッテオ〔・サルヴィーニ〕の右に出る者はいない。彼は大砲をぶっ放してきた相手であっても、ひるまずにぶつかっていく。だからこそ、信奉者たちの間ではトランプ以上に人望があるのだ。たとえば、バカンス先で入ったレストランを気に入ったとしよう。そのレストランのフェイスブックのページに「いいね！」をタップしても、おそらくそのレストランに行くことはもうないだろう。サルヴィーニが凄いのは、支持者の注目を常に集めることだ。最も大切なのは継続的なコンタクトだ」

主要な変数はいつの時代でも同じだ。すなわち、支持者との結束だ。「隊長」はモリシの魔術のおかげで、わずか数か月間のうちにフェイスブックで最もフォロワーの多いヨーロッパの指導者になった。「いいね！」の数は、「隊長」が三三〇万個、アンゲラ・メルケルが二五〇万個、マクロンが二三〇万個だ。もっとも、トランプは二二〇〇万個だが、モリシによると「マッテオは大衆との結束という点においてトランプに優っている。その証拠に、一週間にクリックされた回数は、サルヴィーニの二六〇〇万回に対してトランプの一五〇〇万回だ」。

この結果に対し、「同盟」がコンピュータ部隊を動員したり、偽のアカウントを使用したりしているからだという批判がある。モリシはこの批判に対し、「支持者の結束強化を目的に、ツイッターやフェイスブックで偽のアカウントを作成および管理したことは一切ない」と言明している。

だが、モリシは生身のアバターならつくったと打ち明けた。

「二〇一四年につくった「サルヴィーニの代弁者になる」というシステムは大きな話題になった。これはサルヴィーニの代弁者になると登録すると、サルヴィーニの発表した文章が登録者のアカウントから自動的にツイートされる仕組みだ。これは架空の人物ではなく、決まった文脈で特定の内容のツイートを投稿すると白紙委任した実在の人物だ」

この試みは大成功だった。隊長のアバターになると登録した人の数は数万人に達した（登録者はインターネット初心者が多かった）。モリシは「だが、われわれはツイッターにおいても強固な基盤をつくったので、もうこの仕組みは不要だ」と豪語する。

数値を見る限り、SNS上でのサルヴィーニの躍進は議論の余地がない。これはモリシの手腕によるところも大きいだろう。新たに登場したカオスの仕掛人は、従来のスピンドクターでは思いつかないようなテクニックを駆使する独創的な人物であることが多い。

ドイツでは極右政党「AfD」（ドイツのための選択肢）の政治活動により、有権者がグーグルの検索エンジンに「アンゲラ・メルケル」と入力すると、検索最上位にはメルケル首相の難民政策に対する非難と、ドイツ国内のテロ犠牲者に対する彼女の裏切りを告発するページが表示される。

アメリカでは、ドナルド・トランプの低予算の選挙キャンペーンは一見したところ簡素に見えたが、その背後では、ケンブリッジ・アナリティカ社が心理測定テクニックを駆使するとともに、フェイスブックの先端機能を活用していた（クリントン陣営は利用しなかった）。

ブラジルでは、ウルトラ・ナショナリストのジャイル・ボルソナロの広報官たちは、政治的な内容に投稿制限があるフェイスブックを利用する代わりに、数千個の電話番号を購入し、ワッツアップの利用者にメッセージやフェイクニュースを浴びせかけた。

カオスの仕掛人たちの活躍があったのも事実だが、ウォルドーの真の武器は技術的な小技ではなくコンテンツの性質にある。ポピュリストのプロパガンダが依拠するのがそうしたコンテンツだ。ネット上で拡散する、憤り、恐怖、偏見、侮辱、人種差別や性差別を助長する言説は、古臭い政治家たちによる退屈な討論よりも、はるかに多くの耳目を集める。

そうした事情を心得ているのがカオスの仕掛人たちだ。イギリスの国家主権主義者ナイジェル・ファラージの右腕であり、ＥＵ離脱キャンペーンの戦略家アンディ・ウィグモアも、次のように語る。

「われわれが経済問題について何か発表しても、「いいね！」の数はせいぜい三〇〇〇個から四〇〇〇個だ。だが、人びとの感情に訴える出来事を投稿すると、その数は四〇万個から五〇万個、ときには二〇〇万個、三〇〇万個にもなる」

ドイツでは極右政党「ドイツのための選択肢（ＡｆＤ）」は、煽動的なメッセージによってネット上での地位を確立した。ネット調査会社「ニューズウィップ」によると、フェイスブックへの投稿に対する反響を比較すると、ＡｆＤのほうが「ドイツキリスト教民主同盟（ＣＤＵ）」〔中道右派〕よりも平均して五倍も高いという。

偏見や人種差別を煽ろうが、フェイクニュースを流布しようが、求心力を生み出すことが肝要なのだ。モリシは「われわれが映し出すのは、色濃く着色されてはいるが現実だ。着色を施すのは、人びとの感情を表現するためだ」と弁明する。

ウォルドーが行なうのは、人びとの考えを偽善なく平易な言葉で繰り返し語って実行することだ。ウォルドーの言説を攻撃的で下品だと非難するエリートたちが大衆の敵と見なされるのは、エリートたちが大衆とは別世界で暮らす存在だからであり、大衆の心情を語るのはエリートたちではなくウォルドーだからだ。

ウォルドーは醜悪な現実を映し出す鏡として振る舞うことによって、大衆を煽動する加速装置になる。

イタリアでも、トランプのアメリカやオルバーンのハンガリーと同じく、新たなプロパガンダが真っ先にもたらしたのは、言論と行動の解放だった。

これまで長年にわたってタブーとされてきた下品な言動や個人に対する侮辱が、タブーではなくなった。偏見、人種差別、性差別が野放しになった。嘘と陰謀が現実を解釈する鍵になった。

そしてタブーを破ることは、大衆が発言力を取り戻すための聖なる闘いと見なされるようになった。つまり、それはポリティカル・コレクトネスを唱えるグローバル・エリートとやらが課す抑圧的な決まりからの解放を目指す闘いだ。「金融危機を引き起こし、労働者階級を貧困化させ、さらにはＮＧＯやユダヤ・フリーメーソンのロビー団体と結託して地元の労働力を途上国からの移民に置き換えたのもエリートたち」という論法だ。

いったん怒りが解き放たれると、どんな政治戦略であっても組立可能になる。イギリスのEU離脱の是非を問う国民投票は、事前の予想では反対多数だった。だが、この闘いを制したカオスの仕掛人たちのなかの一人は、自身の戦略を次のように要約する。「人びとが苛立つ原因を突き止め、それはヨーロッパのせいだと説き、EU離脱に賛成票を投じるように促す」。また、アメリカ史上、最も信じがたい大統領候補が口にしたのも、「私こそあなたの怒りの旗手だ」という文句だった。

近年の地政学上のおもな推移の背景には、ウォルドーの嘲笑がある。この青色の子熊は冗談のような存在に思えたが、世界の様相を変える当事者になった。

かつてレーニンは、全産業の電化なくして共産主義の実現はありえないと考えた。レーニンにとって「ソビエト権力＋全国の電化＝共産主義」であるなら、カオスの仕掛人たちにとっては「怒り＋アルゴリズム＝ポピュリズム」となるであろう。

第四章

「荒らし《トロール》」の親玉

二〇〇八年一一月四日、アメリカに新たな時代が訪れた。あるいは少なくとも、誰もがそう確信した。なぜなら、アフリカ系の人物が初めて大統領に選出されたことにより、この国の歴史に刻まれていた分裂がついに解消されたと感じたからだ。さまざまな世論調査も「人種差別は存在しない」と結論づけた。アメリカ南部の保守的な州でさえ、候補者の肌の色が投票先の選択に影響をおよぼすと認める有権者はもはや一人もいなかった。三世紀以上の歳月を経て、「人種の坩堝《るつぼ》」アメリカの人種差別はついに終止符を打ったかに思われた。

しかしながら同じ一一月四日の晩、バラク・オバマが大統領選の勝利を祝っていたシカゴのグラント・パークから遠く離れた場所では、まったく異なる光景が繰り広げられていた。さきほどの世論調査の結果とは異なり、人びとの本当の考えや行動を明らかにするといわれるグーグルのデータによると、その晩、いくつかの州では「初の黒んぼ大統領」が「初の黒人大統領」を検索回数で上回ったという。また、人種差別主義者が集まるＳＮＳ《ストームフロント》の登録者数も急増したという。

具体的に述べると、表向きの物語では人種に基づく憎悪の時代は終わったと語られる一方で、人種に基づく憎悪はすでに再構築の過程にあり、八年後には露骨さをなくした現代風な装いで華々しいカムバックを遂げたのである。だが当時、これに気づく者は誰もいなかった。この現象を見抜いた者がいるとすれば、それは従来の政治家ではなく、占い棒で鉱脈を掘り当てる山師のような輩だろう。オバマの任期が始まってから数か月後、隠れ人種差別主義者という大勢の有権者を動員したこの「鉱脈占い師」こそが、ドナルド・トランプだった。

二〇〇八年の秋、アフリカ系およびヒスパニック系の国民の間で最も人気のある人物の一人は、ニューヨークのこの不動産屋だった。人気の理由は、彼の金髪、怪しげなビジネス、芝居がかった振る舞いではなく、二〇〇四年から彼が司会を務めたリアリティ番組『見習い生《アプレンティス》』が大成功を収めたからだった。この番組での彼の役割は、あらゆる出自の若者がアメリカン・ドリームを実現するために競い合うのを、冷酷だが公正な視点で裁くことだった。この姿勢が民族的少数派にアピールした。各エピソードの冒頭、自身の名前を冠したヘリコプターに乗り込む前に、この大物はカメラに向かって次のように述べていた。

「私はビジネスの奥義をきわめ、トランプという名を最高品質のブランドに仕立て上げた。私はビジネスの師として自身の知識を誰かに伝授したい。私が探しているのは……見習い生だ」

毎シーズン、一六人の若者が師匠のお墨付きを勝ち取るために競争に参加する。参加者にはアメリカ社会の多様性を示す男女が含まれていた。二〇〇五年秋には、二六歳の有能なアフリカ系アメリカ人ランダル・ピンケットが優勝したように、民族的少数派に属する若者が勝者になることも珍しくなかった。『見習い生』は多民族社会の活力にスポットを当てる番組でもあり、民族的少数派はこの番組を高く評価した。この時期、ドナルド・トランプは白人よりもアフリカ系やヒスパニック系の国民の間で人気があった。

だが、二〇一〇年になると状況は一変した。トランプは、「バラク・オバマはアメリカ生まれではないので大統領になる資格がなかった」とする、オルタナ右翼のなかでも一部の者だけが語っていた陰謀論を取り上げた。

トランプは次のように囁いた。

「私はオバマの出自について少し懐疑的だ。「この説に共感する人たちは愚か者」と切り捨てるべきではないと思う。彼が誕生したという場所では、彼のことを誰も知らない。彼の出生証明書には、彼にとって何か不都合なことが記してあるのではないか」

このようなコメントを繰り返すことにより、トランプはオバマに出生証明書を開示させることを目的とするキャンペーンを勢いづけた。ホワイトハウスがついにオバマの出生証明書を開示すると、今度はオバマの大学入学願書の原本を提供する者には五〇〇万ドルを支払う準備があるとまで言いだした。その数か月後、トランプは、最も過激でポリティカル・コレクトネスに反する大統領候補になった。

トランプが正式に立候補する以前のそうした一連の発言に、後のトランプ主義と呼ばれるやり口のおもな要素を見出すことができる。

第一に、オバマの当選に唖然とした、偏見と人種差別の染みついた、伝統的な白人有権者層に向けた『野生の呼び声』〔飼い犬の野性本能が目覚め、自然に帰るまでを描くジャック・ロンドンの小説のタイトル〕だ。トランプは法的な議論を隠れ蓑にしてオバマ大統領の出自に疑問を呈することにより、実際には黒人がアメリカ大統領になることの正当性に異議を述べると同時に、アメリカ政治システムにおいて初めて疎外された存在になったと感じる農村部や都市部郊外の白人有権者に媚《こ》びを売った。

第二の要素は陰謀論だ。オバマ当選の背後には、闇の勢力やグローバル・エリートたちによる巨大な企みがある。善良なアメリカ人の利益に反して、彼らは現実を改竄し、自分たちの目的を達成しようとしているというのだ。

三つめの要素はフェイクニュースだ。オバマがアメリカ国外で誕生したのではないかという疑惑には、当然ながら何の根拠もなかった。トランプ自身、数年後にこの疑惑は嘘だったとあっさり認めた。しかし、トランプの政治キャリアが当初からフェイクニュースに基づいていたという事実は、彼の弱点どころか大統領候補としての魅力になった。

トランプがオバマの出生証明書に関する論争キャンペーンを開始したとき、このような取り組みがホワイトハウス入りの発射台になるとは誰も想像しなかった。二〇四〇年以降、白人は少数派になるが、有名大学、ハリウッド、シリコンバレーに象徴される能力主義やポリティカル・

コレクトネスの文化が揺らぐことはないはず――これが二十一世紀アメリカの見通しだった。このような環境では、一九八〇年代の生き残りであるトランプは、せいぜい見世物小屋のクロマニヨン人だった。

だが、アメリカの政界の片隅では、しばらく前から新たなアメリカ、とくにデジタル世界の見せかけのコンセンサスの裏側でうごめく潮流を、誰よりも先に嗅ぎ分ける感性と経験を持つ人物が徘徊していた。スティーブ・バノンだ。彼の経歴では一見したところ副次的と思われるエピソードが、彼の世界観に決定的な影響をおよぼしたのだ。

二〇〇五年、バノンは活動拠点をハリウッドから香港へと移した。香港ではインターネット・ゲーミング・エンターテイメント社という奇妙なビジネスモデルを持つ会社のスタートアップに参加した。この会社は、世界中に数百万ものファンがいるオンラインゲーム《ワールド・オブ・ウォークラフト》を利用する金儲けを企んだ。その仕組みはこうだ。大勢の若い中国人を雇い、朝から晩までこのゲームをプレーさせ、熟練したプレーヤーだけが獲得できるバーチャルな戦利品(武器や金塊)を集めさせる。次に、仮想空間で得られたこれらの戦利品を、実際のマネーと引き換えに、時間をあまりかけずにゲームを進めたい西側諸国の怠け者プレーヤーに売りさばくのだ。

だが、一つ問題が生じた。このビジネスモデルは、ビデオゲームを生きがいとする真のゲーマーたちを激怒させたのだ。彼らにとって、戦利品を自分で獲得するのではなく購入するのは不正であり、デジタル戦士の名誉に反する行為だった。

怒り狂ったゲーマーたちが過激なバーチャルキャンペーンを開始したため、《ワールド・オブ・ウォークラフト》を所有する会社は、インターネット・ゲーミング・エンターテイメント社に雇われたゲーマーの利用するユーザー・アカウントを無効にした。

バノンにとって、この大失敗はその存在さえ知らなかった現実を知るよい機会だった。

オンライン上では、数百万人の若者（ほとんどが男性）が現実と並行して存在するバーチャルな世界に強い執着心を抱いていた。彼らは自分たちのバーチャルな世界を守るためなら、強力な武器を手にして世界的な大企業を跪かせることさえできた。

もちろん、このバーチャルな世界は無政府状態であり、制御困難な共同体で構成されており、少なくともバーチャルな次元ではしばしば女性蔑視《ミソジニー》で暴力的な文化に染まっていた。とはいえ、興奮と革命の主役である若者が自分たちのエネルギーの大半をつぎ込むのは、このバーチャルな世界だった。多くの人びとは現代の若者はエネルギーを失ったと考えていたが、彼らのエネルギーはバーチャルな世界へと移動しただけだったのだ。

そこで問題は、このエネルギーを政治へと導く方法を見つけ出すことだった。

この経験を経て、バノンはデジタル共同体を注視するようになった。彼が注目したのは、二〇〇八年のオバマの大統領選で成功の基盤になり、また二〇一一年の「アラブの春」では大規模な革命の原動力として称賛された、良識的で政治的に正しい《ポリティカリー・コレクト》共同体ではなく、従来の政党やメディアの目の届かないところで密かに活動する共同体《コミュニティ》だった。すなわち、《４ｃｈａｎ》〔英語圏最大の、匿名画像掲示板〕や《８ｃｈａｎ》〔オルタナ右翼による陰謀論を広めた、匿名画像掲示板〕、《レディット》〔電子掲示板の機能を持つ、ソーシャルニュースサイト〕内のテーマ別コミュニティだ。

これらのプラットフォームでは、数百万人のユーザーが、既存のメディアや政治体制、そしてポリティカル・コレクトネスという新たな教義に対して、激しい批判を繰り広げていた。これらの小宇宙では、タブーとされる議論は一切なく、唯一の決まりは、女性蔑視、人種差別、反ユダヤ的な言動などで耳目を集め、伝統的な人びとを仰天させることだった。

ゲーマーの世界での冒険から辛くも逃げ出したバノンはアメリカに戻り、アメリカの新生右翼の策士アンドリュー・ブライトバートと手を組んだ。

ジャーナリストで作家のブライトバートは、ロサンゼルスの中流ユダヤ人夫妻の養子だった。進歩的な環境で育った彼が政治に目覚めたのは、一九九一年のこと、黒人判事クラレンス・トーマスに関するスキャンダルがきっかけだ。トーマスは、ジョージ・ブッシュの指名を受けた保守派の最高裁判所判事で、妊娠中絶にも反対だった。スキャンダルというのは、トーマスが元同僚のアニタ・ヒルからセクハラの訴えを起こされた一件である。

ブライトバートは次のように語っている。

「私はクラレンス・トーマスの失脚を願うという善良でリベラルな立場から議会の調査委員会の報告を追っていた。というのは、テレビのニュースキャスターたちは、クラレンス・トーマスは悪人であり、アニタ・ヒルは善人だと語っていたからだ。女性権利団体も同様の見解を述べていた。この一件は基本的に裁判の様相を呈していたので、私は証拠が挙がるのを待ちながら上院の公聴会のテレビ中継を見守った。その週末、私は「彼らはいつになったら証拠を提出するのだろうか」

と自問した。私はアニタを信じていた。彼女の証言は真実だと仮定しよう。しかし、だからどうだって言うんだ。この六年間で彼女は転職のたびに昇給を繰り返した。彼女に起こった最悪の出来事といえば、「俺のコカ・コーラの缶に陰毛をのせたのは誰だ」と訊かれたことだけじゃないか。それに対処するための唯一の方法が上院での公聴会だったのか。この顚末は私にとって天啓になり、私は何かが間違っていることに気づいた。黒人男性の女性に対する振る舞いを非難しているのは、あのテッド・ケネディー〔民主党の上院議員〕のような白人の特権階級なのに、全米黒人地位向上協会（ＮＡＡＣＰ）が傍観を決め込んでいるとは信じられなかった。とても後味の悪い出来事だった」

それ以来、ブライトバートは、アメリカの体制派は偽善に満ちたエリート主義的な進歩主義の文化に染まっており、そうした文化が公の討論のあり方を決めるため、これらのポリティカル・コレクトネスな教義に従わない人びとは容赦なく迫害される運命にあると考えるようになった。

ブライトバートは二〇一一年に出版した著書『義憤』において、アメリカ左派の文化的な覇権が構築された複雑な生成過程を詳述している。彼によると、すべてはナチスの迫害から逃れてアメリカにやってきたフランクフルト学派の理論家たちとともに始まったという。公然たるマルクス主義者であるテオドール・アドルノ、マックス・ホルクハイマー、ヘルベルト・マルクーゼら哲学者たちの当初からの目的は、資本主義の疎外的な側面に焦点を当てる自分たちの批判的理論を通じて、アメリカの消費社会の基盤を打ち壊すことだった。彼らの思想はすぐにアメリカの大学構内に広まり、一九六〇年代には学生運動の基本理念になった。その後、学生だった彼らが、新聞社の編集部、ハリウッド、政治権力の頂点へと昇り詰めるにつれて、この理念はアメリカ社会全体に浸透した。

こうして、ブライトバートが「民主党メディア複合体」と呼ぶものが誕生した。つまり、それは正義と不正義との間に境界線を引き、タブーの定義を定め、異端者やポリティカル・コレクトネスを遵守しない者、とくに右派を激しく迫害する冷酷な装置だ。この装置に対し、従来のメディアやエンターテイメント業界など、この装置の主戦場で闘えば負け戦になる。なぜなら、それらの世界では、進歩主義者の単一的な思考がそこで活動する人びとの骨の髄まで染み込んでいるからだ。

一方、インターネットは未開の地だった。ブライトバートが戦闘行為を開始したのは、ポリティカル・コレクトネスという覇権がまだ根づいていない未踏の荒野であるインターネットにおいてだった。彼は「私が「民主党メディア複合体」と闘っていることは、彼らも知っている。これは公然たる闘いだ。私は「デス・スター」〔映画『スター・ウォーズ』に登場する巨大な宇宙要塞〕を打ち倒す」と語っていた。

ブライトバートは緒戦から大物を相手にした。

一九九五年、彼はマット・ドラッジのオンラインメディア《ドラッジ・レポート》の立ち上げに協力した。《ドラッジ・レポート》は、ビル・クリントンのモニカ・ルインスキーとの不倫をすっぱ抜いた。その数年後、彼はアリアナ・ハフィントンとともにオンラインメディア《ハフポスト》の立ち上げに参加した。これらの経験を通じて、彼はバーチャルなゲリラ戦術を学んだ。すなわち、メディアが過当競争を繰り広げる状況において、世間の注目を集める情報を見つけ出し、さらには従来メディアの考察を覆し、クリックとシェアの数を増やして社会運動にまでつなげるという戦術だった。

二〇〇五年、独立を決意したブライトバートは、《ハフポスト》の右派版を目指す《ブライトバート・ニュース・ネットワーク》を設立した。当初から、ブライトバートの強みは情報の発掘ではなく、発掘した情報を首尾一貫した物語に仕立て上げることだった。もちろん、スクープも重要だ。大きなニュースをいち早く報道することも進歩主義者の覇権に対する闘いに欠かせない。だが、ブライトバートは文化を取り戻すことに執着した。だからこそ彼は、ポリティカル・コレクトネス一本槍の民主党員や穏健共和党員を相手取って、移民やテロリズム、伝統的な価値観の危機といった時事問題を焦点に、体制との対決構造を打ち出したのだ。

ブライトバートとバノンとの関係が親密になったのはこの時期だった。両者は明らかに同じ世界観を持っていた。《ブライトバート・ニュース・ネットワーク》の編集部はロサンゼルスにあるバノンの事務所に置かれた。

二〇一一年、バノンの依頼により、資産家ロバート・マーサーは《ブライトバート・ニュース・ネットワーク》に一〇〇〇万ドルを出資した。

《ブライトバート・ニュース・ネットワーク》は破竹の勢いだった。クリントン夫妻の愛弟子だった下院議員アンソニー・ウィーナーの露出狂ぶりをすっぱ抜くなど、数々のスキャンダルをいち早く報道し、急進右派のメディアとしての地位を確立した。

しかし、二〇一二年三月一日、ブライトバートが心臓発作で急逝し、両者のパートナーシップは悲劇的な結末を迎えた。

ブライトバート亡きあとも、残されたバノンはそれまでと同様の熱意をもって《ブライトバート・ニュース・ネットワーク》を運営した。彼のモットーは、「事実《ファクト》はシェアされるが、意見《オピニオン》は見向きもされない」だった。バノンは自身の考えに固執する頭でっかちな人間であり、狂信的なところもあったが、体制との闘いで勝利するには従来の議論だけでは不充分であることをよく理解していた。

クリントン夫妻を例に挙げよう。

クリントン夫妻はワシントンに二〇年以上君臨し、右派からの憎悪にもびくともしない鉄壁のコンビであり、アメリカ右派の憎悪の対象だった。ヒラリーはオバマの後継者の最有力候補だったので、右派は何としてもクリントン夫妻を倒さなければならなかった。悪意みなぎる政敵たちは、二〇年前からあることないことを吹聴しては夫妻を追い落とそうとしてきたが、二人は引きずり下ろされることもなく健在だった。バノンは、そのようなアプローチではクリントン夫妻を打ち倒すことができないと悟り、世論に広く訴える必要があると考えた。そのための唯一の方法は、新たな証拠を集めることだった。不利な真実を丹念に積み上げれば、既存のメディアをはじめとするクリントン支持層すら失望するだろうという狙いだった。

こうして、バノンはピーター・シュヴァイツァーを代表とする「政府説明責任研究所」〔保守系の非営利シンクタンク〕を設立した。

シュヴァイツァーは、バノンの支援のもとに、ビル・クリントンの財団「クリントン・グローバル・イニシアティブ（CGI）」に関する情報を数か月間かけて収集した。

世界中から年間数億ドルの活動資金を集めるこの財団は、クリントン夫妻の権力の物質的な基盤であるとともに、ヒラリーの二〇一六年大統領選の発射台でもあった。シュワイツァーは、クリントン陣営内部の情報提供者《ディープ・スロート》らに接触するとともに、ディープ・ウエブ〔通常の検索エンジンではアクセスできないウエブ〕の隅々まで調べ上げ、CGI絡みのいかがわしい動きを暴いた。たとえば、CGIに数百万ドルを寄付したカナダの鉱山王フランク・ギストラは、自身の自家用ジェット機でビル・クリントンをカザフスタンの独裁者ヌルスルタン・ナザルバエフとの夕食会に連れ出し、カザフスタンのウラン鉱脈の利権を獲得した。また、CGIに多額の寄付をした別の金持ちは、ビル・クリントンが震災後の復興活動を指揮していたハイチの携帯電話ネットワークの利権を手に入れた。悪名高い富豪からの寄付金や、醜悪な独裁者主催のイベントでビル・クリントンが受け取った多額のギャラなどは、いかがわしさを指摘するまでもなかった。

この綿密な調査の成果は、『クリントン・キャッシュ』〔ピーター・シュヴァイツァー著、あえば直道監修他、LUFTメディアコミュニケーション、二〇一六年〕という本にまとめられた。ヒラリー・クリントンに対するこの糾弾本は、まずは左派のバーニー・サンダース、次にドナルド・トランプの挑戦を燃え上がらせる燃料になった。

バノンは、この本の取材権を、憎むべき体制側のメディアに与えた。その筆頭が『ニューヨーク・タイムズ』だった。なぜなら、《ブライトバート・ニュース・ネットワーク》で大々的に取り上げると、右派メディアの本ということになって、世論に広く届かない恐れがあったからだ。出版当初から『クリントン・キャッシュ』の暴露内容は世論に大きな影響を与えた。この本もクリントン支持派は潰しにかかってきたが、うまくいかなかった。この本は事実を克明に記録していたからだ。

こうなると、大メディアはバノンが敷く道筋に従うしかなかった。バノンは有頂天になった。「ヒラリー・クリントンの調査のためにアメリカの上位一五の新聞社の一五人の腕利きの記者が活動しはじめた」。いったんヒラリー・クリントン叩きに火がつくと、バノンは《ブライトバート・ニュース・ネットワーク》において、彼女に対するさまざまな非難を加工してクリックの嵐を生み出した。

バノンはビデオゲーム業界での短期間の経験から教訓を得ていた。彼は、ウェブの表層の下には目視できないがきわめて強力な潮流があることを心得ていた。この潮流は、社会から疎外されたと感じる大勢の人びとの欲求不満によって、さらに勢いを増していた。それはアメリカの小説家フィリップ・ロスが『アメリカン・パストラル』で描く「心に秘めた怒り」だった。バノンはついに、そうした欲求不満を抱く人びとをおびき寄せる餌を見つけたと考えていた。

ところで二〇一三年初頭、ひょんなことから新たな「餌」が現われた。欲求不満を抱く人びとの餌食になったのは一風変わったビデオゲームの開発者、ゾーイ・クィンだ。クィンの開発した《うつ病クエスト》は、彼女が身をもって知っているうつ病の世界を仮想的に体験するゲームだった。このゲームが示したのは、兵士、忍者、中世の騎士などといった冒険ものではなくてもビデオゲームの題材になりうるし、女性もまたビデオゲームの開発者になれるということだった。

硬派なゲーマーたちは、クィンの開発を快く思わなかった。彼らは、ビデオゲームは男性向けの超暴力的な冒険物語であり、そうありつづけるべきだと考えていた。

そうした背景から、クィンはインターネット上で攻撃の対象になった。彼女の元交際相手が「クィンはある男性ジャーナリストとの交際を通じて《うつ病クエスト》に好意的なコメントを書かせた」と主張するメッセージを発すると、彼女に対する攻撃は激化した。ネット上では、怒り狂った大勢のゲーマーたちによるゾーイ・クィンへの侮辱や殺害予告が拡散した。たとえば、「また会議に出席したら、脳天をぶち抜いてやる。後遺症は残るだろうが、これでお前も大人しくなるだろう」といった恫喝だ。俳優のアダム・ボールドウィンは、ツイッター上でハッシュタグ「#GamerGate」を作成し、クィンに対する攻撃を指揮した。「荒らし《トロール》」たちがクィンの住所などの個人情報を見つけ出し、ネット上に公開したため、クィンは引っ越しを余儀なくされた。クィンの擁護を試みた者たちも暴力的な攻撃の対象になった。二〇一四年の九月から一〇月にかけて、ツイッター上だけで、ハッシュタグ「#GamerGate」を含むメッセージは二〇〇万個以上も出回った。

それはもはや論争ではなく、戦争だった。争点は特定の個人に関することではなかった。すなわち、ビデオゲームの世界は誰のものなのか、ゲームに参加してアイデアや情熱を注ぎこみたいと願うすべての男女のものなのか。それとも《４ｃｈａｎ》、《８ｃｈａｎ》、《レディット》などのネット掲示板で長年にわたり培われた、女性嫌悪と暴力を特徴とするサブカルチャーによって結ばれた数百万人の若者たち――いわゆる硬派なゲーマーたちのものなのかという問いだった。

この戦争はビデオゲームの世界だけのことかもしれなかったが、その周辺にはマッチ箱を片手にうろつくスティーブ・バノンの姿があった。バノンにとって「ゲーマーゲート集団嫌がらせ事件」は、既存の政治とメディアに対する闘いにゲーマーたちを取り込む願ってもない機会だった。

こうして、カオスの仕掛人たちのなかでも異彩を放つマイロ・ヤノプルスが表舞台に登場した。ヤノプルスは三〇歳代のハンサムなイギリス人であり、同性愛者で、恐ろしいほどの自信家だった。彼は新たなテクノロジーを専門に扱うオンラインマガジン《カーネル》の共同創刊者だった。このオンラインマガジンは不遜な編集方針で有名だった。ヤノプルスに関して、彼を敬愛する人びとは「ピットブル〔闘犬用の犬種〕とオスカー・ワイルドを掛け合わせたような人物」と評したが、彼を嫌う人びとは「目立ちたがり屋で、目立つためなら何でもやってのける冷笑的なナルシシスト」と切り捨てた。

いずれにせよ、ヤノプルスは、「ゲーマーゲート集団嫌がらせ事件」は顔のない巨大な運動であることを見抜き、自分がその顔になることを決意した。彼は、「この闘いにおける真の被害者は、クィンなどの開発者やジャーナリストではない」とあちこちで吹聴した。そのほとんどが女性で、執拗な侮辱や脅迫の標的となっていたにもかかわらずである。ヤノプルスの考えでは、真の被害者は、彼が絶対的な価値とする表現の自由を守るため、進歩主義的な検閲と闘う現代の戦士――すなわち「荒らし《トロール》」たちだった。

ヤノプルスは次のように記している。

「サイコパス的なフェミニスト活動家たちと女性プログラマーの軍勢が存在する。彼女たちは、ポリティカル・コレクトネスを信奉するブロガーたちに守られながら、ビデオゲームの文化を乗っ取ろうとしている」

彼によると、「ゲーマーたちは、彼女らの攻撃に直面して、自分を守ろうとしただけ」だという。

当然ながら、バノンはヤノプルスの考えに強い関心を抱いた。ここに、バノンの体制との闘いと、「荒らし《トロール》」やゲーマーなど暇を持て余した大衆とをつなぐ欠けていた鎖《ミッシングリンク》があった。

バノンはすぐにワシントンの彼の事務所にヤノプルスを呼びつけた。バノンは次のように回想する。

「彼となら、かつてアンドリュー・ブライトバートと築いたような文化的なつながりを再構築できると感じた。彼には、勇気、頭脳、カリスマがあった。彼は何か特別なものを持っていた。スピード感もあった。両者の違いは、ブライトバートは強い道徳心の持ち主だったが、ヤノプルスは不道徳なニヒリストだったことだ。私はヤノプルスに会った瞬間から、奴が頭のいかれた隕石になると思った」

この隕石が飛ぶエネルギーを、バノンは利用しようと企んだ。こうして、バノンは、新たに立ち上げるインターネットサイト《ブライトバート・テック》の責任者にヤノプルスを抜擢した。ヤノプルスの任務は、「ゲーマーからなる軍隊を動員し、ゲーマーゲートなどを通じて彼らを取り込み、彼らのエネルギーを政治やトランプ支持に向かわせること」だった。ヤノプルスは呑み込みの早い男だった。彼は《ブライトバート・テック》立ち上げ時の動画で次のように宣言した。

「ジャーナリストの見解に従わないだけで、トロールだとかハラッサーだとかミソジニストだとかレッテルを貼られるのは、もううんざりだ。匿名のままでいたい《4chan》の利用者や、横暴なモデレーターと闘う《レディット》の利用者を擁護しよう。ゲーマーを攻撃する愚か者たちからゲーマーを守ろうではないか」

バノンと同様に、ヤノプルスもゲーマーたちの闘いをより広い文脈で捉えていた。表現の自由をはじめとする基本的な自由が、進歩主義者たちの掲げる正統性に脅かされているというのだ。ヤノプルスは、「今日の匿名の異分子たちは、『ザ・フェデラリスト』〔アメリカ憲法の批准を推進するために書かれた連作論文〕を匿名で執筆し、アメリカに民主主義を築いた、アレクサンダー・ハミルトンとジェームズ・マディソンのような存在だ」とぶち上げた。

《ブライトバート・テック》の創刊日、同サイトは編集方針を明確にするためにドナルド・トランプの独占インタビューを掲載した。そこには「メール・スキャンダルに見舞われたヒラリー・クリントンを除けば、今回の大統領選でテクノロジーの問題について発言した候補者はほとんどいない。そこで、ハッキング、サイバー戦争、AIに関して、ドナルド・トランプに独占インタビューした」という皮肉たっぷりの見出し文字が掲げられていた。

《ブライトバート・テック》は、ゲーマーやデジタル世界の住民に明快なメッセージを投げかけた。「君たちの世界は危機に瀕している。ポリティカル・コレクトネスを唱える民主党の検閲装置により、表現の自由や匿名性など、これまでサイバーカルチャーを定義してきた本質が破壊されようとしている。君たち自身を救う唯一の方法は政治を通じてだ。既存の体制、メディア、政治と闘い、君たちの権利やアイデンティティを守るために、われわれやトランプと団結しよう」

こうして、従来の国家主権主義が現代のデジタル主権主義と合流した。サイバースペースから干渉者を排除するのは、メキシコとの国境に壁を建造したり、イスラム教徒に国を閉ざしたりすることと同じく、「家の主」としての責務なのだ。

これは「荒らし《トロール》」たちへの露骨な参戦の呼びかけだった。同時に、ヤノプルスはテクノロジーの議論をはるかに超えた公的な人物になった。

ヤノプルスは、他のホモセクシャルとは一緒に仕事をしないと公言していた。なぜなら、「奴らはドラッグに溺れ、性的関係にふけりすぎ、仕事にも来ないし、言い訳ばかりする。女性たちよりもたちが悪い」からだった。さらには、「遺伝的に女性の同性愛など存在しない」のだから、「レズビアンは愛情を求める自惚れの強い女性」と蔑《さげす》んだ。ヤノプルスはユダヤ系の母親を持ち、アフリカ系アメリカ人の夫がいる。それにもかかわらず、アメリカの白人至上主義やネオナチの運動に危険なほど接近していた。バーでナチス式の敬礼をする聴衆が歓声を上げるなか、「アメリカ・ザ・ビューティフル」を歌う彼の動画が存在する。彼自身は移民だが、メキシコとの国境壁の建造とイスラム教徒の入国禁止に賛成を表明した。ヤノプルスはアメリカ左派のアイデンティティの固定観念を打ち砕くことに意地の悪い喜びを感じていた。「私はユダヤ系移民であり、黒人男性としか寝ないゲイだが、本物の右派だ。こうした私の存在が奴らを狂わせる」。

また、ヤノプルスは「荒らし」としても知られ、映画『ゴーストバスターズ』の主演女優に対する中傷キャンペーンが原因でツイッターから追放されたこともあった。ヤノプルスによれば、ユーモアとは制御が不可能なものであり、左派がこれを抑え込もうとするのは、優越感から人びとの感性を裁きたがる性質によるものだという。表現の自由の擁護者を自負するヤノプルスは、「言葉では誰も傷つかない」と断言する。「私が本当に大切にしているのは表現の自由だけだ。なぜなら、アメリカでは何が許される発言なのか、その境界線があまりにも狭くなっているからだ」と述べた。

ヤノプルスにとって、「荒らし《トロール》」は「編集部に座っていない人たちが行なうジャーナリズムの一形態」であり、「中世の道化師のように、いまなお真実を語る唯一の人びと」だった。「権力の裸の姿を暴くのは、パソコン画面の向こう側にいる彼らだ」というのがヤノプルスの主張だった。

トランプ自身も「荒らし」だった。オバマの出生証明書をめぐる論争はすでに「荒らし」の一形態であり、彼の大統領選キャンペーン全体も同じ路線に従っていた。

二〇一五年六月、彼は従来の候補者なら命取りになるような二つの戦術を用いて選挙戦に突入した。まずは、共和党予備選への参加を正式に表明した際、メキシコからの移民を「強姦犯」と呼んで非難したことだ。次にその数日後、アメリカ政治のカリスマ的な存在だった共和党上院議員ジョン・マケインについて、「彼は捕虜になったのだから戦争の英雄ではない。私が好きなのは捕虜にならなかった人たちだ」と述べたことだ。

「共和党の大統領候補者が、メキシコ人はよいとしてもマケインや退役軍人たちを「荒らす」とは何事だ」という怒りの声がすぐに上がった。伝統ある共和党において前代未聞の出来事だった。共和党の重鎮は即座に、「国の功労者を攻撃するような言葉を放つ人物は、わが党だけでなくわが国にもふさわしくない」と述べ、トランプを除名すると宣言した。トランプはアメリカの政界から「不愉快で恥ずべき人物」という烙印を押された。従来メディアのジャーナリストたちは大喜びした。

『ローリング・ストーン』誌のジャーナリスト、マット・タイービは次のように回想する。

「われわれは、トランプが失態を犯した人物として、まずは痛悔の祈りを捧げながら贖罪の儀式を行なうと予想していた」

ところが、このときトランプは前代未聞の行動に出た。まったく謝罪せずに「マケインが英雄ではないと言った覚えはない」とうそぶいたのだ。「捕虜だった人がいれば、私はその人を英雄だと思う」と開き直ったのだ。トランプが言ったのはまったく逆のことだった。動画だって残っていた。ジャーナリストたちは、「大統領候補が明白な事実を否定してもよいのか」と驚愕した。

傍若無人のトランプは、マケインの一件をゴールデンレトリバーのような俊敏さで乗り越え、支持者を増やしつづけた。二〇一六年一一月に勝利するまで、明らかな失言と見え透いた嘘を連発した。退役軍人を侮辱した後も、テレビの女性司会者に対して女性を蔑視する発言をした（「彼女は血だらけだった」）。また、自分を批判した、障がいのある記者の姿を真似してからかった。また、他の共和党候補者に子供じみたあだ名をつけた（マルコ・ルビオは「ちびのマルコ」、テッド・クルーズは「嘘つきテッド」）。トランプ叩きキャンペーンを行なう候補者はひどい目に遭った。

トランプは学校のガキ大将のような存在だった。成績は悪いが、女性教師や腕力のない秀才をからかうことに長《た》け、目をつけたクラスメイトを徹底的にいじめた。

関係者は困惑したが、大衆は大喜びだった（ゲーマーも同様だった）。メディアでの露出が増えたため、選挙キャンペーンに費やす資金は、他の候補者よりも格段に少なくて済んだ。

トランプの挑発行為に対して従来のメディアが示す疑念と憤りは、トランプを宣伝する拡声器の役割を果たした。

ニューヨークの富豪が大統領候補として既成秩序に挑戦するというのは、どう見ても突飛な話だったが、既存メディアや体制側の激しい敵意こそが、彼の主張に信憑性を与えた。

政治評論家、アメリカ政府の関係者、背広姿の知識人らが、トランプに対する非難をがなり立てなければ、トランプがシステムから排除された人びとの怒りの旗手として認められることはなかっただろう。非難の大合唱があったからこそ、すべてが容易になったのだ。アメリカの農村部で暮らすテレビの視聴者は、都市部で暮らすエリート層がトランプの立候補に憤慨する様子を見ただけで、現在のアメリカ政府にうんざりする自分たちの気持ちを代弁してくれるのはこの男だと確信した。

ヒラリーの選挙キャンペーンのスタッフの数は一〇〇人を超え、これはトランプ陣営のおよそ一〇倍以上に相当した。トランプがメディアと大衆の注目を集めるには自分らしく振る舞うだけでよかった。一方、ヒラリーの選挙対策本部は、「ヒラリーが自然に振る舞っているように見せる努力をしている」と語っていた。

トランプの特筆すべき点は、これまでの選挙キャンペーンが、素人がつくった安手のテレビ番組であり、生気のない退屈な登場人物ばかりが出演するものだと見抜いたことだった。このような粗悪なつくりでは、『ホイール・オブ・フォーチュン』〔七〇年代のアメリカのクイズ番組〕の事前審査も通過できないだろうし、ましてやキム・カーダシアンやジャスティン・ビーバーのファンたちが視聴するリアリティ番組と対抗しようとしても、まったく歯が立たないだろう。

クリントンやブッシュ、そして「いずれ自分の番が来る」と信じて郵便局の前で並ぶような感覚で現われた他の候補者たちなど、実に冴《さ》えない顔ぶれのなかに、突如としてトランプが西部劇のクリント・イーストウッドのように登場したのだ。

リアリティ番組の制作に一〇年以上の経験を持つあるプロデューサーは、『ニューヨーク・タイムズ』紙に次のように語った。

「トランプはわれわれがキャスティングに求める人物そのものだ。彼は単純明快で本音で語る。彼が一五秒間話すのを聞けば、彼の性格を理解できる。彼の得意技は自己宣伝だ。彼の所有する高層ビルは金色に輝き、大文字でＴＲＵＭＰと記されている。（…）選挙キャンペーン中には対立が生じるが、一般大衆は往々にして争点を理解できない。トランプはそうした問題を一刀両断した。個人に対する中傷が彼のトレードマークになった。上院議員ランド・ポールについて、彼にしては控えめに語るときでさえ、「彼の容姿を批判したことはない。だが、信じてほしい。批判材料には事欠かない」といった調子だ」

二〇一六年のアメリカでは、政治家の評価基準は他の有名人と同じになった。第一に、注目を集める能力だった。この点においてトランプは秀でていた。次に、「その政治家に有権者がどれだけ自分を重ねられるか」という「相手に自分と同一視させる能力」だった。

リアリティ番組のこだわりは参加者の嘘偽りのない姿だ。そうした偽りのない姿が政治というリアリティ番組の出演者に対する有権者の最大の関心事になった。

トランプの振る舞いには、もちろん芝居がかったところもあったが、彼の本性も多分に含まれていた。大統領候補になるかなり以前、ある外国人投資家がトランプに対し、「ホワイト・トラッシュ〔白いクズ〕とは、どういう意味か」と尋ねた。これは中西部で暮らす教養のない白人で往々にして肥満体の、いつもテレビの前にいるような人物の蔑称だが、トランプは、「彼らは私とまったく変わらない人びとだ。唯一の違いは、彼らは貧しいことだ」と答えた。

プロの政治家たちは、何事に対しても常に無関心であるように感じられる一方、トランプは、乱暴な言葉遣いや挑発、即興の演説やツイート、相手を侮辱する冗談やたわいもない自慢話を通じて、そんなプロの政治家たちとは一線を画す嘘偽りのなさを体現していた。トランプは、頭の少しおかしな男だったが、スピンドクターたちが寄ってたかってつくり上げたのではない正真正銘の人物だった。歯に衣を着せない彼は、ジェンダーレスのトイレの設置や有機栽培の菜園に関するおしゃべりに没頭するアメリカ人とは違い、ポリティカル・コレクトネスに構うことなく、アメリカ国内の工場が閉鎖されてメキシコや極東に移転することなどを糾弾した。彼の攻撃的なスタイルからは力強さが感じられた。大衆は、慣習に立ち向かうことを恐れない彼なら世の中を変えてくれると確信した。

当然ながら、ヤノプルスや過激なゲーマーたちからなる共同体も、トランプのそうした態度を受け入れた。トランプは選挙キャンペーンを通じて、ブログ圏の周縁にあるメッセージを定期的にリツイートすることによって、彼らとの同盟関係を強化した。

一方、オルタナ右翼のゲーマーやブロガーたちは、共和党候補であるトランプに必要不可欠なサービスを提供した。まず、彼らはスローガンをつくり、バーチャルキャンペーンを実施した。彼らが多くのタブーを破ったことにより、それまで過激だと思われていた意見が公共の議論にも顔を出すようになった。もっとも、タブーが打ち破られたのは、SNSの発展だけでなく、従来のメディアが彼らの挑発に乗ってしまったからでもあった。この点において、ヤノプルスのモデルはトランプとそっくりだった。双方とも、体制側の憤慨の声がなければ成立しなかった。体制側は、新たな右派の主張を広めると同時に、そうした思想が反体制的であることを証明してみせたのだ。枢機卿マザランの座右の銘「助けてくれるのは己の敵」のごとく、ドナルド・トランプを救ったのは自身の敵だった。一般大衆の目には富豪は信用できない人物と映るかもしれないが、一般の有権者の目には体制派やジャーナリストたちの強烈な敵意によって、トランプの貫禄は増したと映った。

　バノンとヤノプルスのデジタル軍団の貢献は、そうした側面だけではなかった。オルタナ右翼の「荒らし《トロール》」たちは、ニュースサイトやSNSを占拠することによって、インターネット上において威嚇射撃を行なった。彼らに盾突くオブザーバーやジャーナリストは、中傷と恫喝の嵐に見舞われた。

　これはイタリアではポピュリストの「荒らし《トロール》」たちが行なってきたネット版「スクアドリズモ」〔民兵組織《ファシスト》〕だった。彼らの活動は、議論の雰囲気だけでなく議論そのものにも影響をおよぼした。「名誉棄損防止同盟（ADL）」によると、大統領選挙戦の期間中、インターネット上ではおよそ二六〇万件の反ユダヤ主義の内容のツイートが拡散したという。それらのほとんどがトランプに反対するジャーナリストや公人に送られたものだった。

　バノンとヤノプルスのデジタル軍団は、共和党候補トランプにもサービスを適宜提供した。

　ヒラリーとの最初のテレビ討論会が終了した後、彼らは大手メディアが実施するオンライン世論調査の結果を捻じ曲げるために動員された。その結果、トランプは従来の電話による世論調査では負けていたにもかかわらず、『タイム』、CNBC、『フォーチュン』、『ザ・ヒルズ』などのネットを拠点とするメディアの世論調査では勝利した。トランプ自身、「大変名誉なことだ。討論会に関する世論調査では、「軍団」が勝利した」とツイートしている。

次章以降では、トランプの選挙キャンペーンでは、トランプを応援し、ヒラリーの支持者を落胆させるために、ネット上でさまざまな洗練された道具が利用されたことを紹介する。アメリカで進行中の各種調査からは、選挙期間中におけるロシアの工作の実態も明らかになってきた。しかし、そもそも二〇一六年のアメリカ大統領選で泡沫候補が予想外の勝利を収めたのは、政治的、文化的な作戦が結実したからだった。この作戦の全容は長い間隠蔽されてきたが、今日になってようやく明るみに出た。

だからこそ、最初の討論会において、ヒラリー・クリントンが「トランプは自身の現実で暮らしている」と非難したとき、スティーブ・バノンは思わず笑ってしまったのだ。バノンの考えでは、トランプは己の考える「物語《ナラティヴ》としての真実」を武器にして、現実の出来事に対して独自のアプローチをとることのできる人物だった。

ところが、トランプが暮らす現実、すなわち、即興の一人芝居とツイートの連発によって日々構築する現実は、「フライオーバー(上空を通過する)」と馬鹿にされていた、大西洋にも太平洋にも面していない四〇ほどの州で暮らす数百万人もの有権者の現実と見事に一致した。その数百万人というのは、自分たちこそ国家の活力だと数世代にわたって信じてきた白人労働者階級だ。

経済やメディアを牛耳る多民族からなる「クリエーター階級」は、のんきにマンハッタンやパロアルト〔米国カリフォルニア州のシリコンバレーにある都市〕のカフェでカプチーノや有機ジュースを啜《すす》っていたところ、だしぬけに悩みの種を突きつけられたのだ。

ヒラリーをはじめとするリベラル派は、フェイクニュースや〔「泡」に包まれ、見たい情報しか見えなくなる〕フィルターバブルについてしばしば言及してきた。だが、彼らは問題をまだ理解していなかった。たしかに、認知の歪みは存在した。しかし、二〇一六年の秋の現実を正しく把握することを妨げた本当のバブルは、トランプやブライトバート、さらにはアメリカのオルタナ右翼が陰謀論を吹聴するサイト群ではなかった。むしろそれは、少数派、女性、移民、障がい者を侮辱し、前例のない無能ぶりを発揮する人物がアメリカ大統領の座に就くのは絶対に不可能だと口を酸っぱくして説いてきた民主党支持者、リベラル派、欧米メディアだった。

「何が起こっているのかをまったくわかっていない人びとが、自分たちだけで話し合っていた。『ニューヨーク・タイムズ』がなかったら、CNNもMSNBCもどうしたらよいのかわからなかった。《ハフポスト》なども『ニューヨーク・タイムズ』に依拠していた。ヒラリー・クリントンは、閉じた回路から情報と安心を得ていた。これがわれわれのチャンスになった」

バノンの鋭い直感だった。トランプの勝利が可能になったのは、主流メディアがトランプの勝利を想像することさえできなかったからだ。

「奴らが不可能というのなら、それは可能ということだ」

第五章

ブダペストの奇妙なカップル

二〇一五年一月一一日、パリそしてフランス全土では特別な行事があった。風刺新聞『シャルリ・エブド』編集部の襲撃事件に驚愕したフランソワ・オランド大統領は、四〇人以上の各国首脳をパリに招待し、一九四四年のパリ解放以来となる最大の行進を挙行したのだ。およそ二〇〇万人の市民が『寛容論』の著者の名前を冠した大通り〔ヴォルテール大通り〕を練り歩いた。イギリス首相、ドイツ首相、イタリア首相は、神妙な面持ちでフランス大統領と抱き合った。二〇〇一年九月一一日以来二度目となる予測不能な暴力の世界に投げ込まれた彼らは、やがて自分たちはお払い箱になる運命にあると覚悟したに違いない。それでも彼らは、一致団結して暴力の吹き荒れる世界に挑むと決意した。というのも、自由と開放こそが偉大なるヨーロッパの価値観だったからだ。

ヨーロッパ諸国の指導者の中でただ一人、少し離れたところに立っていた人物がいた。それは彼が内気だったからではない。むしろ逆だ。一九八九年の春、二六歳だったオルバーン・ヴィクトルは、ブダペストの英雄広場の演説台からハンガリー国民を代表して自由への渇望を叫び、ハンガリーの領土からのソ連軍の即時撤退を訴えた。

だが今日、オルバーンは「一月一一日の精神」に興味がないだけでなく、自身の特異性を示そうとしていた。彼は追悼行進の最中に次のように述べた。

「ヨーロッパにとって経済移民は悪だ。メリットは一切ない。なぜなら、経済移民はヨーロッパの人びとに無秩序と危険をもたらすだけだからだ。(…) 私がハンガリー首相で、私の政権が続く限り、ハンガリーが欧州委員会の計画に基づいて移民を受け入れることはない。われわれは、異なる文化遺産を持つ少数派がわれわれの国で暮らすことを望まない。ハンガリーはハンガリー人の国であるべきだ」

オルバーンがパリでこの発言をしたとき、一般のハンガリー人は移民問題にまだ関心を抱いていなかった。当時の世論調査によると、移民問題を優先課題と考えるハンガリーの有権者の割合は全体の三パーセントにすぎなかった。しかし政治の鉱脈占い師であるオルバーン首相は、移民問題こそ金の鉱脈だと見抜いていた。よって、問題はこの金鉱脈をどのように、そして誰とともに採掘するかだった。

一見したところ、アーサー・フィンケルスタインとオルバーン・ヴィクトルは、正反対の人物だ。というのも、オルバーンは煽動家だが、フィンケルスタインは控えめで思慮深くなければならないと信じている男だったからだ。ニュースチャンネルのCNNは、フィンケルスタインをサスペンス映画『ユージュアル・サスペクツ』に登場する謎の人物カイザー・ソゼに例え、「ハリウッド映画に登場する人物のように最強の敵を倒すことができるが、極度の秘密主義者であるため、実際に彼の姿を見た者はほとんどいない」と評した。四〇年間にわたって第一線で活躍してきたが、フィンケルスタインの写真やインタビューはほとんど残っていない。ホテルに宿泊する際は偽名を用い、自分の会社に自身の名前をつけるようなことはしなかった。

オルバーンが農村部の出自を誇りに思い、脛を散々蹴飛ばされてきたサッカー選手のように逞しく生きてきた男なら、フィンケルスタインはオペラとロシア文学を愛するニューヨーク出身のユダヤ系ホモセクシャルだった。

そのような違いはあっても、両者は共闘するために存在した。オルバーンと同様、フィンケルスタインも神童であり、アメリカ共和党の強硬派に若くして加わった。まだ二〇歳にもなっていなかったころ、共和党の大統領候補で超保守派のバリー・ゴールドウォーター、次にリチャード・ニクソンの元で働いた。一九七六年には、カリフォルニア州知事だったロナルド・レーガンを共和党の大統領予備選で全国区の人物に押し上げた。その四年後、フィンケルスタインはホワイトハウスでレーガンの政治顧問になる一方で、選挙コンサルティング業に従事し、全米で数十人の下院議員や州知事を生み出すことに貢献した。

その時代においても、彼の選挙戦術はマイクロターゲティングだった。つまり、人口統計学に基づく高度な分析と予備選の投票者に対する出口調査によって集団を割り出し、集団ごとに特定のメッセージを送りつける手法だ。

フェイスブックが登場するよりもかなり以前の時代に、フィンケルスタインは手紙や電話を大規模に利用して潜在的な支持者を集団ごとに囲い込んだ。応援する候補者の公約や人柄に関して、ある集団にはソフトに語り掛け、別の集団には強い調子で訴えた。

だが、フィンケルスタインの本領は、候補者を応援するのではなく対立候補を叩き潰すことだった。フィンケルスタインの手にかかれば、ネガティブキャンペーン、つまり対立候補の欠点を強調するという攻撃に基づくキャンペーンは芸術の域に達した。たとえばフィンケルスタインは、カリスマ性が微塵もない共和党候補アル・ダマートを民主党の強い選挙区で当選させた選挙戦略について、次のように説明した。

「アピールできる材料があまりなかった。ダマートという男を知っているのなら、私が言わんとすることはわかるだろう。当然ながら、彼の長所を訴える作戦では、うまくいかなかっただろう。よって、彼をできるだけ露出させないことにした。彼をテレビ番組に押し込んだことは一度もない。一度もね」

その一方で、対立候補を叩き潰すのは簡単だった。

まず、フィンケルスタインによると「生きた屍」のような高齢の世襲議員である、現職の上院議員を始末しなければならなかった。次に、ダマートのライバルである民主党の州検事総長を葬り去る必要があった。フィンケルスタインの言葉を借用すると、この州検事総長は現実離れした偽善的なエリート主義者であり、小指を立てながら法律論ばかりを説く男だった。たが、フィンケルスタインは、アメリカは規則や官僚主義から解放され、個人の発意を基盤にして発展してきた国であることを忘れてはならないと確信していたという。

この点を強調するために、フィンケルスタインはテレビのスポット広告を利用した。登場したのは、テレビカメラから遠ざけてきたダマート本人ではなく、買い物かごを持った彼の母親だった。母親は、「キャビア左翼」〔社会主義的な価値観を唱える一方で、自分自身は優雅な暮らしを送る左派〕に無視されながら困難な生活を送る庶民を演じた。フィンケルスタインはこの選挙戦でも「リベラル」という言葉を侮辱の代名詞に変えた。この戦略によって、彼は大勢の超保守派の候補者を当選させ、フランク・チャーチ、ジョージ・マクガヴァン、マリオ・クオモなど、民主党を代表する大物政治家を打ちのめした。フィンケルスタインが無名の対立候補だったジョージ・パタキの耳元で囁いた勝利のスローガンは、「あまりにもリベラルな政治があまりにも長すぎる」だった。

数十年にわたり共和党関係者の間で伝説的な存在になったフィンケルスタインは、ジョージ・W・ブッシュやドナルド・トランプを勝利に導いたスピンドクターたちを養成した。トランプが有利になるようロシアが大統領選に干渉した事件で、アメリカ当局の取り調べを受けたトランプ陣営の二人のスピンドクター（ポール・マナフォートとロジャー・ストーン）もフィンケルスタインの愛弟子だった。

一九九〇年代半ば、フィンケルスタインは自身の才能をアメリカ国外でも発揮しはじめた。一九九六年、彼はそれまで以上に一触即発の状態にあったイスラエルに降り立った。というのも、その前年にイスラエル首相イツハク・ラビンがパレスチナとの和平合意〔オスロ合意〕に反対する狂信的なユダヤ人の青年に暗殺されたため、イスラエル社会はきわめて不安定な状態にあったからだ。暗殺されたラビン首相の代行は、ノーベル平和賞を受賞したシモン・ペレス外相だった。

誰もが次の春に行なわれる首相の公選では世界的な知名度のある穏健派ペレスの圧倒的勝利を予想した。なぜなら、イスラエル国民は、フィンケルスタインの推す候補者ベンヤミン・〝ビビ〟・ネタニヤフを、経験の浅い過激派で信頼できない人物と見なしていたからだ。

だが、フィンケルスタインは諦めなかった。緒戦、フィンケルスタインはネタニヤフに対し、髪を白髪に染めて貫禄をつけるように勧めた。なぜなら、「見た目は重要だ。体格が立派な候補者の勝つ確率は七五パーセント」だったからだ。そして対立候補を葬り去るためのいつもの作業を開始した。まずは、「ペレスはエルサレムを分割しようとしている。分割した半分をパレスチナ人に渡そうとしている」というスローガンをぶち上げた。

フィンケルスタインは、イスラエルでは前代未聞のきわめて暴力的な選挙キャンペーンを通じて「シモン・ペレスは祖国の裏切り者」というイメージをつくり出した。そして「ペレスは各国のリベラル派にありがちな麗しい妄想を抱く偽善者」とこき下ろした。

一方、保守派であるネタニヤフのために作成したスローガン――「ユダヤ人にとってネタニヤフはよい男だ」は単純かつ効果的だった。ようするに、「ネタニヤフだけが真の愛国者であり、彼の支持者だけが本物のユダヤ人だ。他のリベラル派は、弱虫、さらにはアラブ人の共犯者にすぎない」と訴えたのだ。イスラエル国民の二〇パーセントはアラブ人だったが、そんなことはどうでもよかった。なぜなら、ネタニヤフの背後に真のイスラエル国民による結束を強化できるのなら、フィンケルスタインはアラブ人票を失っても構わないと考えたからだ。驚いたことに、この作戦は見事に成功した。ネタニヤフはペレスに僅差で勝利し、首相の座に就いた。

その後、ネタニヤフは、フィンケルスタインの定めた単純な図式を利用しながら自身の政治的覇権を強化しつづけた。その図式とは、「国民であるわれわれか、敵である奴らか。ネタニヤフを支持しない者は本物のユダヤ人ではない」である。

この間、ナショナリスト右派の謎の人物であるアーサー・フィンケルスタインの評判は、東ヨーロッパ諸国と旧ソビエト帝国にまで到達した。

フィンケルスタインはスピンドクターとして、チェコ、ウクライナ、オーストリア、アゼルバイジャンなどでネガティブキャンペーンを仕掛けた。

アルバニアでのネガティブキャンペーンのために制作したテレビのスポット広告では、対立候補の写真を、相撲取りとカンガルーの写真と並べ、「彼らに共通することは何か？ その答えは、誰一人としてアルバニアについて何も知らないことだ」とナレーションを入れた。後日、この広告を思い出したフィンケルスタインは笑いを浮かべ、「苛立ったこの対立候補は記者会見を開き、「カンガルーと一緒にされた」と憤慨した。すると、皆がこの広告を見たがった……」と述懐した。これはフィンケルスタインにしてはソフトなやり口であり、他のネガティブキャンペーンではさらに激しい手法を用いた。

二〇〇九年、ハンガリーに降り立ったフィンケルスタインを待ち受けていたのは、彼の顧客になる人物だった。この男は国際舞台に立ち、フィンケルスタインと最も近い政治思想を説くことになった。

フィンケルスタインと同じく、オルバーンは、「政治とは敵を見極めること」と説くカール・シュミットの信奉者だった。両者ともに、「敵を見極めるという基本的な活動を通じてこそ、道は切り拓かれ、闘争する人びとの共同体が築かれる」と信じていた。

二〇〇九年、敵が判明した。ハンガリーが金融危機に見舞われたのはヨーロッパのせいだった。ヨーロッパだった。ハンガリーはこの屈辱を国際通貨基金（ＩＭＦ）の支援を取りつけて何とか凌いだ。今日では、ヨーロッパが課す緊縮財政がハンガリーの中産階級の暮らしを圧迫している。欧州委員会と金融市場が押しつけた技術官僚《テクノクラート》であるバイナイ・ゴルドンがハンガリー首相の座に就くと、彼は公務員の給与と年金を削減し始めた。

オルバーンは、ハンガリーはすでに四年間にわたって親ヨーロッパ路線で統治されてきたが、方針を変えるべき時期が訪れたと確信した。彼はフィンケルスタインの助けを借りて、欧州委員会のテクノクラートと、国民を裏切って国を破産させたリベラル派に対する過激なキャンペーンを開始した。オルバーンによると、ハンガリーが破綻した原因は、リベラル派の腐敗であり、彼らが外国の利益を優先したことだった。

オルバーンは「ハンガリーは植民地ではない。トルコ、ハプスブルク家、ソビエトの支配に耐えたハンガリーに、欧州委員会の支配に甘んじるという考えはない」と力説した。

左派が支持するテクノクラートだったバイナイは、フィンケルスタインが指揮するネガティブキャンペーンの格好の餌食になった。

二〇一〇年の春の総選挙では、オルバーンの政党は五七・二パーセントの得票率で圧勝した。このネガティブで険悪な選挙キャンペーンの影響から、外国人嫌悪《ゼノフォビア》の政党「ヨビック」の得票率も一七パーセントと急伸した。

つまり、この年のハンガリーの有権者の四分の三は、右派ないし極右の政党に投票したのだ。一九八九年以降、政界を支配してきた中道右派や中道左派の既存政党はいまやお払い箱になり、社会党の得票率は四六パーセントから一九パーセントにまで下落した。ハンガリーでは、他のヨーロッパ諸国よりも数年前にそうしたシナリオが起こっていたのだ。

オルバーンは当初から、「この勝利を単なる政権交代ではなく、国民主権を実現する革命の始まり」と訴えていた。

オルバーンの「民意から生まれた新体制」は、「労働、家庭、家族、医療、秩序」を骨子とするマニフェストを発表した。このマニフェストは議会の承認を経て全国の公共の建物に掲げられた。議会の手続きの迅速化（立法手続きが数時間で可能になった）と権力の集中（司法は行政の管理下に置かれることになった）のために憲法が改正された。

第一次世界大戦後、ハンガリーは自国領土の三分の二と人口の五分の二を失った。オルバーンが依拠するのは、このときに生じた国家の復讐心だった。一九二〇年のトリアノン条約〔第一次世界大戦の敗戦国になったハンガリー王国が、連合国と締結した講和条約〕により、三〇〇万人以上のハンガリー人が、ルーマニア、チェコスロバキア、ユーゴスラビアで暮らすことになった。この新政権は発足直後、外国で暮らすすべてのハンガリー系住民に市民権を付与し、トリアノン条約が調印された六月四日を「国民連帯の日」と定めた。

こうして、近隣諸国で暮らすハンガリー系住民もオルバーンの強力な選挙基盤になった。その証拠に二〇一四年の議会選挙では、国外居住のハンガリー国民の九五パーセントがオルバーン首相の政党「フィデス」に投票した。

新政権は暴走した。オルバーンと彼のアドバイザーたちが演出する「民族解放のための闘い」というドラマには、国民全員が引っ張り出された。外国の多国籍企業に対する課税が始まった。外国人の農地購入は事実上不可能になった。国営だけでなく民営のメディアも行政の管理下に置かれた。これらすべての措置が欧州共同市場の基本原則に反しているのは明白だった。

ヨーロッパの諸機関が遠慮がちにハンガリーのルール違反を指摘するたび、オルバーンは国民に対して自国史の辛い記憶を呼び覚ました。たとえば、オルバーンは二〇一二年の国民の休日の際に、「われわれは自分たちが頼んでもいないのにヨーロッパの同志が申し出る、この支援の本質をよく知っている。支援を申し出る人物が、肩章のついた軍服姿ではなく、仕立てのよいスーツ姿で現われたとしても、われわれは騙されない」と毅然と語った。

オルバーンは民族解放のための闘いという波に乗り、二〇一四年の議会選挙で再び勝利を収めた。選挙法の改正により、四五パーセントの得票率であっても議席の九〇パーセント(一〇六のうち九六)を獲得した。

ところが、このときからオルバーン政権は制御不能に陥った。首相の側近が次々とスキャンダルに見舞われて失脚した。その補欠選挙では極右政党「ヨビック」が与党の議席を奪った。ブダペストの路上では大勢の若者がデモ行進を繰り広げ、与党に対する不満を爆発させた。数か月後の世論調査では、オルバーンの政党「フィデス」の支持率は二〇パーセントにまで下落した。

フィンケルスタインは作戦変更を指示した。もちろん、オルバーンもそうすべきだと理解していた。まず、国の革命推進に活を入れるために「死刑制度を復活させてはどうか」と世論に問うた。だが、世論の反応は冷ややかであり、この議論は盛り上がらなかった。驚いたことに、死刑制度の復活では世論は熱くならなかったのだ。

そのとき、「自分たちに必要なのは新たな敵」と心得ていたオルバーンとフィンケルスタインの前に、格好の標的がひょっこりと現われた。

アフリカや中東などのイスラム系の移民を敵に仕立て上げたのだ。

この手品の唯一の難点は、ハンガリー国内にはイスラム系住民がほとんどいなかったことだ。ハンガリー人口に占める外国人の割合はわずか一・四パーセントであり、彼らのなかでもイスラム教徒はごく少数派だった。

フィンケルスタインにとって、そんなことはどうでもよかった。彼にはありのままの現実を受け入れる気などなかった。彼はプラハで行なわれた会議で次のように語っている。

「最も重要な点は、誰も何も知らないということだ。政治の世界では、何が真実かではなく、何を真実と見なすかが重要だ。たとえば、私が「雪の降る寒いボストンを離れ、太陽が燦々と輝くプラハに来て幸せな気分だ」と語れば、皆さんは私の話を信じるだろう。というのも、ここにいる皆さんは、今日のプラハはよい天気だと知っているからだ。では逆に、私が「太陽の燦々と輝くボストンを離れ、雪の降るプラハに来たので気分がすぐれない」と語れば、皆さんは私の話を信じないだろう。なぜなら、窓の外を見れば、雪など降っていないからだ。この場合、私がプラハの天気について明白な嘘をついたので、皆さんは私の語るボストンの天気についても信じないはずだ。つまり、よい政治家とは、嘘を語り始める前に一定程度の真実を語る人物である」

オルバーンはパリから戻るとすぐにプロパガンダ装置を作動させた。

フィンケルスタインはハンガリー人の同僚たちとともに「テロと移民に関する意見調査」の一環として「欧州委員会の移民政策の失敗とテロの増加には関連性があるという意見があります。あなたはこの意見に同意しますか」という質問を記したアンケート用紙を、すべての有権者（およそ八〇〇万人）に郵送した。

同時に、フィンケルスタインは大規模なポスター・キャンペーンを実施した。ポスターには移民に向けたメッセージが記してあった。だが、表記はハンガリー語であり、真の目的は有権者に影響をおよぼすことだった。ハンガリー全国の壁に貼られたこのポスターには、「ハンガリーに来ても、ハンガリー人の仕事を盗んではいけない」、「ハンガリーに来たら、われわれの文化を尊重する義務がある」と記してあった。

ヨーロッパ諸国の指導者は二〇一五年春の難民危機に虚を突かれたが、オルバーンとフィンケルスタインは準備ができていた。「危機というチャンスを逃してはいけない」というマキャヴェッリの教えに従い、二人はシリア難民の流入を支持拡大に変えるための条件を整えた。ハンガリーへの難民の流入は続いた。その年、ハンガリーへの非正規入国者の数は前年の五万人から四〇万人以上に増える見込みだった。

だが実際には、ハンガリーに到着した難民の大半はハンガリーに留まるつもりはなく、ハンガリーを通過してドイツや北欧諸国に向かおうとしていた。ところが、オルバーンは移民には毅然とした態度で臨むという己のメッセージを強調するために派手なパフォーマンスを演じた。国境沿いに一七五キロメートルの障壁を建造するという法案を、二時間という記録的な速さで議会に承認させただけでなく、ブダペストの鉄道駅も閉鎖させた。そのため、ハンガリーを通過したいだけの難民たちはハンガリーの首都で足止めを食らい、オーストリア国境までの遠い道のりを徒歩で移動せざるをえなくなった。

政治面では、オルバーンが強硬路線を打ち出した時期も絶妙だった。なぜなら、ハンガリー国民の間には、フィンケルスタインの選挙キャンペーンによる妄想がまだ漂っていたからだ。こうしてこの強硬路線は劇的な効果を生み出した。オルバーン首相の支持率は急上昇した一方で、極右政党「ヨビック」は、政府に自分たちの主張を横取りされてしまった。

オルバーンのスピンドクターたちは国営テレビに対し、この難民危機の報道のあり方について詳細な指示を出した。たとえば、難民の子供たちの姿を放映してはいけなかった。表向きの理由は子供たちのプライバシーを保護するためだったが、実際の理由はハンガリー国民が難民の子供たちに同情するのを避けるためだった。彼らは使用する用語にも口出しした。「難民」は禁止され、移民を意味する「ベバンドーロ」というハンガリー語も不可だった。よって、ハンガリー人にとっては外国語であるラテン語由来の「移民（migrans）」が用いられた。

緊急事態が首相オルバーンの支持に変わるようにあらゆる工作が施された。しかしながら、二〇一六年の春、ドイツの要望により、EUとトルコは、バルカン半島経由の難民流入を阻止するための協定を結んだ。

この協定により、今回の難民危機は終息することになった。だが、オルバーンには、見出した光明をあっさりと断念する考えはなかった。

オルバーンにとっては幸いなことに、EUはイタリアとギリシアに押し寄せつづける難民をEU各国で分配する計画を発表した。この計画では、ハンガリーは一二九四人を受け入れることになった。ハンガリーの難民受け入れ数はごくわずかだったが、オルバーンにとって、この計画は文明の衝突に対する闘いを続行するための願ってもないチャンスになった。

欧州委員会の計画が発表されるや否や、オルバーンはこの計画に対する国民の賛否を問う国民投票を一〇月二日に実施すると宣言すると同時に、またしてもポスター・キャンペーンを開始した。「パリ同時多発テロは移民の仕業」、「移民の流入により、婦女暴行が急増」というスローガンが記されたポスターがハンガリー全土に貼られた。これらのポスターは国民に大きな影響をおよぼした。夏の間、視聴率の高かったサッカー欧州選手権とオリンピックの生中継は、移民による犯罪行為に関するニュースで毎時間中断された。ニュースと並行して、国営テレビは一〇月に行なわれる国民投票について、俳優やスポーツ選手が異口同音に反対票を投じると語るインタビューを放映した。

国民投票の投票率は五〇パーセントを下回ったが、反対票の割合は九八パーセントだった。わずか二年足らずの間に、オルバーンは自国をEUの攻撃から守る要塞に変え、ヴィシェグラード〔ハンガリーの都市〕において近隣諸国を味方につけることに成功した。これらの国はEUの難民受け入れの割り当てに反対する歴史的な協定に署名したのだ。西側ヨーロッパ諸国にも改宗者を持つオルバーンは、西側においても欧州委員会のテクノクラートに公然と意義を唱えるオルタナティブモデルの旗振り役と見なされはじめた。

このモデルの輪郭は鮮明だった。オルバーン首相は二〇一四年の演説で概要をすでに語っていた。「ハンガリー国民は単なる個人の集合体ではなく共同体だ。われわれはこの共同体を、組織し、強化し、構築しなければならない。よって、われわれがハンガリーにおいて築こうとしている新たな国家は、リベラルではなく非リベラルだ。自由というリベラリズムの価値は否定しないが、このイデオロギーを国家組織の中核に据えることはしない」

オルバーンだけでなくハンガリー国民の大多数は、国民に奉仕するのが国の役割だと考えていた。それゆえ彼らは「裁判官であれ、新聞記者であれ、NGOであれ、少数派や憲法上の原則を守るという名目であっても、ハンガリーという国家の意思に反してはいけない」と信じていた。

オルバーンの解釈は次の通りだった。

「今日のヨーロッパのリベラリズムは、自由ではなく「ポリティカル・コレクトネス」に依拠しており、硬直した独善的なイデオロギーだ。つまり、リベラル派は自由の敵だ。権力抑制機構は、ヨーロッパが知的貧困故に採用したアメリカの産物にすぎない」

オルバーンは明快に語った。

もっとも、青年時代のオルバーンは、一九八九年にソロス財団の奨学金で留学していたオックスフォード大学での学業を早々に切り上げてブダペストに戻り、リベラル派、反共産主義者、親ヨーロッパ派の若者たちをまとめ上げた反体制派の学生だった。よって、彼の現在の発言を額面通りに受け入れるのには少し抵抗がある。

トランプや「五つ星運動」と同様、権力を渇望するオルバーンは、アルゴリズムを利用する日和見主義の政治家だ。仮に、リベラリズムと寛容の精神が権力掌握を約束したのなら、彼らは間違いなくリベラル民主主義の原則を遵守しただろう。

だが、オルバーンの場合、権力を渇望する以上の何かがあった。それが何なのかを理解するには、ソビエト崩壊後の政治状況を鋭く観察したイワン・クラステフの考察が参考になる。

クラステフは次のように述べている。

「ベルリンの壁崩壊後、東欧諸国のエリートたちは、半世紀にわたる共産主義時代に蓄積された後れを挽回するために、西側諸国を模倣する努力をした。ところが、この過程は旧ソビエトの衛星国の国民の暮らしに物質的な激変をもたらしただけではなく、彼らに心理的な苦痛を強いた。模倣がこれほどの苦痛をもたらす原因は、模倣する側は模倣される側よりも劣っているという彼らの思い込みだけではなく、彼らの行ないを判断するのは西側諸国だという感覚にもあった。つまり、模倣は主権の喪失を意味したのだ」

したがって、模倣する側がため込んだ不満が爆発したとしても驚きではなかった。東欧諸国のエリートたちの憧れが、少なくとも部分的には誤解に基づいていたこともあり、国民の不満が爆発するのは当然とも思えた。ハンガリー、チェコ、ポーランドの保守派の目には、西側ヨーロッパ諸国は共産主義の国とは異なり、伝統と宗教を確約する理想の国家と映っていた。だからこそ、西側ヨーロッパ諸国の規範が同性婚や多文化主義にあると気づいたとき、彼らは騙された思いだった。

イスラム過激派によるテロや難民問題などの近年の危機により、彼らの幻滅はさらに強まり、彼らは西側諸国の規範を蔑むようにさえなった。

国の指導者になった新たな国家主権主義者は、東欧の非リベラル民主主義こそ伝統的な価値観を大切にする人びとにとっての新たなモデルだと訴えた。すなわち、神、祖国、家族を基本とする「本物のヨーロッパ」だ。今日、これらの政府は、家族の重要性に疑問を投げかけるなど伝統を一掃する「ポリティカル・コレクトネス」や少数派の権利などの独裁に対する防波堤になると同時に、ヨーロッパ人の同質性と文化的なアイデンティティを脅かすという理由から、移民の急増にも異議を唱えている。

少し前まで、東欧諸国の政府は、欧州委員会などからの批判や非難を甘受するという屈辱を味わってきた。しかし今日では逆にこれらの政府は、東欧諸国の使命は西欧諸国が失った価値観を擁護することだと自負している。

オルバーンは二〇一七年に行なった演説で「二七年前、ここ中欧では、ヨーロッパこそがわれわれの未来だと考えていた。だが今日、ヨーロッパの未来を代表しているのは、われわれだと確信している」と論じた。

近年の状況を勘案すると、オルバーンが完全に間違っているとは言えないだろう。というのも、多くのヨーロッパ諸国では、オルバーンは国家主権主義運動を体現するモデルになったからだ。このモデルを模倣して選挙で勝利して政権を握る者たちも現われた。

移民問題により、あらゆる文脈において青い子熊のウォルドーの勢いは増した。イタリアでは二〇一四年にカサレッジオ・アソシアーティ社が「五つ星運動」の議員に対し、テレビ番組に出演する際の行動マニュアルを作成した。このマニュアルでは、移民問題については次のような態度で臨むようにと定めてあった。

「移民問題は、恐怖や怒りなど多くの感情をかき立てる。したがって、テレビ番組では、議論を始める、関連する条約について説明する、現実的な解決策を提案するなどの行為は慎むべきだ。なぜなら、感情的になって理性を失い怯《おび》えている人びとが、理性的な言説に納得することはないからだ」

ようするに、このマニュアルによると、正しい態度は「感情的な彼らに寄り添い、怒りと恐怖のはけ口になること」だという。

二〇一七年の地方自治体の選挙キャンペーンでグリッロは、「感情的な有権者に寄り添う」戦略の一環として、少数民族Ｒｏｍｓ《ロマ》（ほとんどがイタリア国民）を、Ｒａｕｓ《ラウス》（ドイツ語で「出ていけ」）と呼んだ。内務大臣に就任した「同盟」の党首マッテオ・サルヴィーニは「五つ星運動」の全面的な支援を取りつけ、そうした考えを具体的な法案にした。

同様のことが少しずつ形を変えながら、あらゆる国で起こった。すべての先進国においてカオスの仕掛人たちは、難民、移民、さらには民族的、宗教的な起源の異なる同胞などの部外者と自国民の関係を取り上げ、これをポピュリストであるウォルドーの原動力に変えた。

カオスの仕掛人たちによると、移民問題を扱う利点は、カール・シュミットの言う「われわれＶＳ彼ら」という分断を広げることだけではなく、右派と左派の間に存在した障壁を吹き飛ばしてしまうことだった。

移民問題について、イギリスのＥＵ離脱推進派の戦略家ドミニク・カミングスは、興味深いエピソードを語っている。

「私は保守派の有権者たちとの討論会に参加した。彼らと二〇分ほど移民問題について話し合ったあと、話題は経済問題になった。数分後、彼らの発言に違和感を覚えた私は、「どの党の候補に投票しましたか」と尋ねると、全員が「労働党」と回答した。企画者のミスにより、討論会に参加していたのは保守派の政党ではなく労働党の活動家たちだった。ところが、移民問題について話している間、これらの労働者階級の有権者たちは、かつてのトーリー党やイギリス独立党の国家主権主義者と似たような意見を述べていた。だから、私は彼らのことを保守派の活動家だと思い込んでいたのだ」

移民問題に焦点を当てると、既存の枠組みは解体され、右派でも左派でもないポピュリストのウォルドーが暴れ回ることのできる政治的な空間が一気に広がる。

カミングスの述懐は続く。

「メディアはイギリスのEU離脱キャンペーンを「右派」と分類しようとしたが、一般大衆にとって、われわれは右派でも左派でもなかった。これと同じことがアメリカ大統領選でも繰り返された。トランプは多くの過ちを犯したが、彼の国家的なメッセージには右派/左派の区別を超えた魅力があった。アメリカ大統領選でもメディアはそのことに気づかず、イギリスのEU離脱と同様、いい加減な学者の言い分を借用して「右派ポピュリスト」というレッテルをトランプに貼った。だが、トランプが大統領選で勝利したのは、彼の放つメッセージが単なる右派からのものではなかったからだ」

移民問題は、右派ポピュリストと左派ポピュリストががっちり手を組むことのできるテーマだった。たとえば、イギリスのEU離脱の際や、マッテオ・サルヴィーニが難民救済船のイタリアの港での受け入れを拒否した際にも、両者は一致団結した。

結局のところ、重要なのは、政治的な供給を政治的な需要に合致させることだった。だからこそ、両者の融合がまだ起こっていない国々では、極右と極左の双方がわれ先にと、両者のそれまでのイデオロギーの違いを吹き飛ばそうと画策しているのだ。

ドイツでは、極右政党「AfD（ドイツのための選択肢）」が移民問題に焦点を合わせた過激な選挙キャンペーンによって左派票の取り込みに成功した。二〇一七年のドイツ連邦議会選挙での政党間の票の移動を分析すると、「ＡｆＤ」に流れた票の数は、中道左派「ドイツ社会民主党（ＳＰＤ）」と急進左派「左翼党」から奪った票の数と、中道右派「ドイツキリスト教民主同盟（ＣＤＵ）」と保守派「バイエルン・キリスト教社会同盟（ＣＳＵ）」から奪った票の数は、ほぼ同数だった。だからこそ、この選挙後に極左の元指導者たちは、新たな政党「アォフシュテーエン」〔目覚めろ〕を立ち上げたのだ。その理由は、創設者の一人の言葉を借りると「移民に寛容な文化という左派の良識に楔を打つ」ことだった。

フランスでは、「黄色いベスト運動」が右派と左派のポピュリストが融合する起爆剤になるのかが問われた。極右のマリーヌ・ルペンと極左のジャン＝リュック・メランションはともにこの路線を模索した。マクロンは中道右派と中道左派を集結させたが、極右と極左をまとめ上げる「裏マクロン」はいなかった。ナショナリズムを掲げる左右両陣営のポピュリストたちを束ねる指導者は不在だったのだ。だが、フランス大統領官邸の現在の住人のこれまでの歩みを振り返ると、環境さえ整えば、この種の人物はすぐにでも現われることがわかる。

第六章

物理学者たち

核戦争が地球を破壊するという悪夢が語られていた一九六〇年代末、スイスの劇作家フリードリヒ・デュレンマットは、ニュートンとアインシュタイン、そしてメビウスが精神病院に幽閉されるという戯曲を書いた。物理学者たちが閉じ込められた精神病院の部屋には、木製の床に寝心地のよい羽根布団つきのベッドが置かれ、山々を眺めることのできるバルコニーがあった。だが、ニュートンとアインシュタインは居心地の悪さを感じ、日々、精神病院から脱出するための作戦を練っていた。なぜなら、彼らには研究室に戻ってやるべき仕事がまだたくさんあったからだ。

ある日、メビウスはニュートンとアインシュタインに本当のことを説明しなければならないと決意した。

メビウスは彼らに次のように諭《さと》した。

「われわれの旅は終着点に達したが、人類はまだ途上にある。われわれは休むことなく歩んできた。今日、われわれについてくる者は誰もいない。われわれを取り巻くのは虚しさだけだ。科学は恐怖になり、研究は危険になり、発見は破滅を招くものになった。われわれ物理学者は、そうした現実に屈服するしかない。人類はわれわれの科学に抗うことができない。われわれのせいで滅亡する恐れがある。われわれは自分たちの知識を捨て去らなければならない。人類はすでにそうした。あなたたちもそうすべきだ。他に解決策はない」

ニュートンとアインシュタインは、不安な表情を浮かべ、「一体、それはどういう意味か」とメビウスに尋ねた。

「私と一緒に精神病院に留《とど》まれということだ」

イギリスのＥＵ離脱の是非を問う国民投票の翌日、私はデュレンマットのこの戯曲を思い出した。なぜなら、推進派の責任者ドミニク・カミングスの次のような少し意外な発言を知ったからだ。

「政治を進歩させたいのなら、政治や広報の専門家ではなく物理学者を雇うべきだ」

事実、カミングスは通常の政治コンサルタントを雇う代わりに、カリフォルニアの一流大学出身の科学者チームと、ケンブリッジ・アナリティカ社とつながりのあるカナダのビッグデータ企業アグレゲートＩＱ社の協力を得て、ＥＵ離脱キャンペーンを組織した。カミングスのこの二つの会社に対する要望は、「適切な標的を見つける手助けをしてほしい」、「ボランティアをどこに送ればよいのか」、「どの家庭を訪問すればよいのか」、「電子メールを誰に送るべきか」、「ＳＮＳにどのような内容のメッセージを流すべきか」など、きわめて明快だった。カミングスによると、これらの会社の助言は期待以上の成果をもたらしたという。

カミングスは自身のこの経験から次のような結論を導き出した。

「もし、あなたが賢い若者で政治に興味があるのなら、大学で政治学を専攻するのは考え直したほうがよい。なぜなら、政治学よりも数学や物理学のほうが役に立つからだ。これらの学問を修得すれば政界に入ることもできるし、さまざまな分野で応用可能なより有益な知識を得ることができる。（…）歴史書は歳をとってからでも読むことができるが、数学を学べる時期は限られている」

カミングスのこの論証に首をかしげたとしても不思議ではない。というのは、政治にテクノロジーを導入しても、しばしば無駄に終わるからだ。ところが選挙が終わるたびに、「あの候補が勝ったのは、政治力、優れたアイデア、魅力的な人柄などではなく、ウィチタ〔カンザス州の最大都市〕やスコピエ〔北マケドニア共和国の首都〕の地下室で秘密裡に開発された、自分だけが知っている新たな科学のおかげだ」と主張する人物が必ず現われる。イギリスのEU離脱が可決され、トランプが大統領選に勝利すると、こうした傾向は最高潮に達した。世界中のメディアは、世論を密かに操作する組織を執拗に探し回り、フェイスブック、ケンブリッジ・アナリティカ社、マケドニアのブロガーたち、ロシアの荒らし集団などを糾弾した。

さまざまな人びとが選挙キャンペーンにテクノロジーを活用しようと目論んでいる。メディアは政治学者のお決まりの分析ではなく、目新しい魅力的な物語を伝える。選挙の敗者は自分自身および支持者に対して、敗因は己のパフォーマンスではなく、影の勢力による策謀だと主張する。

カミングスのような戦略家、技術者、コンサルタント、インターネットサイトの運営者たちは、「歴史の流れを変えたのは自分だ」と豪語する。ケンブリッジ・アナリティカ社の元社員クリストファー・ワイリーは、「トランプが当選したのは、私の開発したアルゴリズムのせいだ」と全世界に向けて「懺悔」した。だが、彼が「懺悔」したのは、自分自身および内部告発した会社を宣伝するためであり、自由と民主主義を求めて闘うためではなかった。

とはいえ、僅差で勝敗が決まる選挙があるのも事実だ。わずかな票であっても標的を絞った方法で取り込むことができるのなら、勝負の結果は歴然と異なる。たとえば、トランプが勝利した州での得票差は、ペンシルベニア州でおよそ六万五〇〇〇票、ウィスコンシン州でおよそ二万三〇〇〇票、ミシガン州でおよそ一万一〇〇〇票だった。

ようするに、一般的なレベルにおいて、テクノロジーと政治の関係に根源的な変化があったと考えて間違いないだろう。

これまで科学者たちは、社会の統治を数式に落とし込むことによって、人間の行動に内在する非合理性や不確実性が作用する余地をなくそうと夢見てきた。二世紀前、オーギュスト・コントは、社会物理学を次のように定義した。「社会物理学の対象は社会現象だ。天文学、物理学、化学、生理学と同様、この学問の目的は発見することであり、社会現象を司る不変の自然法則を解き明かすことにある」。コント以降、多くの科学者が彼らの「政治科学」を提唱してきたが、社会の推移を予測することはできなかった。

しかし近年、決定的な現象が起こった。それまで人間の行動は、行動そのものが目的であり、行動の内側で完結していたが、いまや大量のデータを生み出している。

インターネットやSNSにより、われわれの習慣、嗜好、意見、さらには感情さえも測定可能になった。今日では、誰もがいつでも自身の追跡および動員を可能にする「小道具」を持ち歩いている。将来的には、「モノのインターネット」により、コミュニケーションや消費だけでなく、歯を磨いたりソファで転寝したりするなどの単純な行為に関するデータも生み出されるようになるだろう。フランスの哲学者エリック・サダンは、これを「暮らしの産業化」と呼ぶ。彼によると、この新たな経済活動は莫大な利潤をもたらすかもしれないが、他の経済活動との共食い状態をもたらすという。

物理学者が政治の世界に新たな役割を得た背景には、大量のデータを入手できるようになったことに加え、大量のデータが経済的に莫大な利益を生み出すようになったことが挙げられる。そこで、私はこうした事態を正確に把握するには、ビッグデータを政治に応用することに夢中になっている蛇使いのような輩からは距離を置き、物事の本質に立ち返って見るべきだと考えた。

こうして私は、アントニオ・エレディタートを訪ねることにした。この人物は、ジュネーヴの欧州原子核研究機構（CERN）、シカゴのエンリコ・フェルミ研究所、日本の茨城県東海村のJ－PARCなどで、国際的に最も重要な素粒子物理学の実験に携わる科学者だ。ベルンに拠点を置くエレディタートは、素粒子物理学研究所とアルベルト・アインシュタイン基礎物理学センターを統括している。

彼は、政治に応用する物理学に強い関心はないという。

ウィーン工房〔二十世紀初頭に設立。モダンで装飾的な高級工芸品で有名〕のデザイナーが設計したような厳かな事務所に私を迎え入れると、次のように呟いた。

「物理学の政治学への応用はすでにお馴染みだ。本物の研究者は好奇心に突き動かされ、新たな知識を得ようとする。世界の成り立ちを理解するほうが新たな世界をつくり出すよりも独創力が必要だ」

それでも、このテーマについて少し語ってもらった。

「物理学では個々の分子の挙動は予測できない。というのも、個々の分子は他の無数の分子との相互作用の影響を受けるからだ。一方、集合体の挙動は予測可能だ。なぜなら、システムの観察を通じて平均的な挙動を推測できるからだ。相互作用は集合体の性質よりも重要である一方、集合体のシステムの挙動は、規則に従うため推移が予測可能だという特徴を持つ。物理学の法則は人間の行動の集合体にも適用できる。もちろん、一〇億人の人間を一〇億個の分子のように扱うことはできないが、カオスなシステムであっても、一定の法則を適用することは可能だろう」

「この点に関して、ナンニ・モレッティの映画〔一九八九年にイタリアで公開された自作自演の監督作品『赤いシュート』〕の有名な台詞ではないが、「言葉の持つ意味は重要だ」。物理学者が「このシステムはカオスだ」と言ったとしても、それは「滅茶苦茶だ」、「何もわからない」ということではなく、システムの初期条件の軽微な変化がその後の推移に著しい影響をおよぼす可能性があるという意味だ。人間が相互に影響をおよぼし合うシステムは、カオスになる可能性がある。たとえば、フェイクニュースが最初の小さな変化となり、これが二次的な大きな影響を生み出すような場合だ」

一〇年ほど前までは、人間の集合体に物理学の法則を適用するためのデータは存在しなかった。しかし今日、データの量については、物理学者が研究対象にする大半の物理学的な現象よりも、人間の集合体に関するもののほうが多い。

エレディタートは次のように語った。

「一般的に、気体などを対象にする古典的な統計物理学のシステムを分析する場合、センサーの数は分子の数よりも少ない。ところが今日、フェイスブックを分析する際には、センサーの数は分子の数、つまり、利用者の数とほぼ同じだ。そこで問題になるのは、データをどう解釈するかだ。この点にこそ、政治学者ではなく大量のデータを扱うことに慣れている物理学者に競争優位がある」

つい最近まで、政治に科学的な思考を持ち込むのは賢い戦略だとは思われていなかった。もちろん、世論調査はあったが、そうした調査で判明するのは、せいぜい世論全体の大まかな方向性だけだった。標的を絞るには必然的にコストがかかり、標的を絞ったところで確たる成果は得られなかった。結局のところ、政治で重要なのは直感、つまり、時代の空気を嗅ぎ取り、潮目を見極める能力だった。ようするに、トゥキュディデスが述べたポリティカル・アニマルの特質だ。トゥキュディデスによると、真の指導者とは差し迫ったさまざまな出来事のなかから実際に起こりうる出来事を予見する能力を持つ者だという。

したがってこれまで、政治を少しでも科学的に管理しようとすれば、軽率と見なされてきた。つまり、政治を科学によって管理しようとする試みは、リスクと不確実性という政治活動につきものの二つの要素に向き合うことに慣れていない人びとが不安に駆られた末に頼りにする産物と思われてきたのだ。

ところが今日、そうした状況は一変した。

エレディタートは次のように説明する。

「システムに介入する際には、システムを理解する必要がある。だが、政治家はそのやり方がわからない。政治家が頼りにするのは、世論調査と自身の直感くらいだ。政治家は基本的な情報を入手し、それらの情報に基づいて活動する。たとえば、サルヴィーニは移民に反対する人びとがいると知って彼らの票を獲得しようとする」

「一方、物理学者はできるだけ多くのデータを収集しようとする。つまり、システムを記述するための変数の値を集めるのだ。さらに、物理学者はほとんどの場合、バーチャルな実験を通じてシミュレーションを行ない、システムを数多くの異なる条件に適用して検証する。物理学者なら、サルヴィーニの場合を分析する際に、移民に反対する人の数だけでなく、移民に反対する人のうちEUに留まりたいと考えている人の割合についても調べるだろう。また、同志ディマイオの支持者が、どの程度まで人種差別的な主張を受け容れられるのか、その限界点も探求するはずだ。なぜなら、移民に対してあまりに過激な人種差別的発言をすると、同志ディマイオの支持者は左派と手を組み、移民やEUを擁護する側に回る恐れがあるからだ」

「今日、これらの疑問にリアルタイムで回答を提供するデータが存在する。だが、解を得るためには次に掲げる三つのやり方を心得ている必要がある。一つめは実験のやり方、二つめはデータの収集法、三つめは集めたデータの分析方法だ」

もちろん、これら三つのやり方を心得ているのは物理学者だけではないが、シミュレーション手法を高度に発展させたのは彼らだ。決定論に基づく物理学は二十世紀初頭に終焉を迎えた。一九〇〇年一月、ケルヴィン卿〔ウィリアム・トムソン〕は、「発見すべきものは何も残されていない。今後なすべき唯一のことは、さらに精密な測定だ」と宣言した。

ところが同年一二月、マックス・プランクが量子物理学の仮説をつくり出すと、まったく新たな世界の扉が開いた。それ以来、物理学は、ある原因は必然的に決まった結果をもたらすという決定論に基づく学問ではなくなった。なぜなら、変数が深いレベルで確率的に作用するようになったからだ。このような条件下では、問題の解答は必ずしも明確な数値にはならず、近似解にとどまることが多い。

エレディタートの考察は続く。

「物理学者がシミュレーションを利用するのは、近似解を求めるためだ。シミュレーションは物理学者の思考法の一部であり、物理学者は少し倒錯した生き物でさえある。たとえば、砂の城をつくったとしよう。物理学者は、つくった砂の城がどうやって崩れるのかを観察するために、砂粒を一つずつ取り除くような気質だ。つまり、どのタイミングでどこの砂粒を取り除くと、砂の城がどう変化するのかを観察するのだ。そして砂の城の安定性を支配する法則を見出すまで、シミュレーションを飽きることなく何度も繰り返す」

「今日、シミュレーションでは現実のデータも利用される。実験を行ない、データを収集し、収集したデータの分析を行なえば、相関関係を見出すことができる。つまり、変数が軽微に変化してもシステム全体に影響をおよぼすことがある。社会というシステムの場合、カオスを引き起こす可能性のある変数は数多く存在する」

このような作業を通じてこそ、システムに介入して特定の効果を生み出すことが可能になる。

「まず、システムの変数を最適化する作業を行なう。変数を変化させ、達成したい目的に応じて結果を改善する。たとえば、サイトの閲覧者にリンクをクリックしてもらいたいのか。ピスタチオ味のアイスクリームを販売したいのか。有権者の票を獲得したいのか。あるいは逆に、投票日には彼らが自宅に籠っていることを望むのか。目的が何であれ、効果的なメッセージと、そうでないメッセージがある。ネット上のクリック数からは、効果的なメッセージは何なのかがリアルタイムでわかる。したがって、クリック数に基づいて試行錯誤すれば、何が効果的なのかがわかるので、メッセージの内容や形式の修正が可能になる。変数を最適化するたびにシステムは修正される。そこでデータを再び取得すれば、変数をどのように最適化すればよいのかがわかる。物理学者はこの一連の作業を延々と繰り返す」

イギリスのEU離脱推進キャンペーンの場合では、物理学者たちは次のような作業を行なった。まず、グーグルの検索データと、SNSや従来のデータベースのデータを相互参照しながら賛成派を特定し、彼らの地域的な分布を突き止めた。次に、フェイスブックの「ルックアライク・

オーディエンス・ビルダー」という企業向けのサービスを利用して「説得可能な人物」を割り出した。つまり、EU離脱に賛成はしていないが、その人のプロフィールからして意見を変えてくれそうな人物だ。

カミングスとその物理学者たちは、潜在的なEU離脱賛成派を割り出すと、攻撃を開始した。潜在的な賛成派を構成する各集団に説得力のあるメッセージを送ったのだ。「公式キャンペーン期間の一〇週間で、個人に合わせた電子メッセージを一〇億本、おもにフェイスブック経由で送った。とくに、投票日を迎える最後の数日間には大量のメッセージを送った」。こうした戦略においても、科学者の役割は決定的だった。彼らはフェイスブックを利用して数万本の異なるメッセージを同時に送ることにより、肯定的な反応のあったメッセージをリアルタイムで選択した。そしてメッセージの最適化を繰り返す作業を通じてより効果的なメッセージを作成し、支持者を囲い込むとともに懐疑的な国民を説得することに成功した。

物理学者たちの働きにより、有権者は自分の特性に合ったメッセージを受け取った。たとえば、動物愛護の活動家には動物の権利を侵害するEUの規制に関するメッセージ、狩猟愛好家には動物保護に関するEUの規制に関するメッセージ、絶対自由主義者には欧州委員会の行き過ぎた官僚主義に関するメッセージ、国家主義者には国の社会保障費がEUに吸い上げられているというメッセージだ。さらには、物理学者たちはオーダーメイドのこれらのメッセージにさまざまなヴァージョンを作成することによって、メッセージの文言やデザインなどに関して最も効果的なものを特定した。

このようにして彼らは、リアルタイムで記録されるクリック数に応じて最適化を繰り返した。こうした複雑な活動が投票に与えた影響を正確に把握するのは不可能だ。だが、それが大きな影響をおよぼしたことは容易に想像がつく。

カミングス自身は次のように記している。

「EU離脱推進キャンペーンのソフトウエア運営責任者だったヴィクトリア・ウッドコックがバスに轢《ひ》かれたなら、イギリスはEUに残留しただろう」

だが、このような手法を用いたのはイギリスの「離脱票」だけではない。今日、世界中の選挙キャンペーンでは、これは一般的な手法になりつつある。二〇一二年のオバマの大統領再選キャンペーン以降、政治に科学を持ち込む手法は質的に大きな進歩を遂げた。

政治分野におけるビッグデータの出現は、顕微鏡の発明と匹敵するだろう。

それまで政治広報担当者は、不確かな世論調査に基づき、若者、公立学校の教師、主婦など、人口統計上の大まかな集団や各種職業団体を標的にして活動してきた。今日では、物理学者の貢献により、有権者一人一人の特徴に基づく個別化されたメッセージを送ることができるようになった。メッセージの個別化により、以前よりもはるかに効果的で合理的な広報活動が可能になった。

だが、さまざまな問題も生じている。

たとえば、各種データを統合することにより、ある有権者が安全保障の問題に強い興味を抱いていることが判明したとしよう。このとき、大衆やメディアのあずかり知らないところで、その有権者が好みそうな安全保障に対する極端な考えを記したメッセージを（フェイスブックなどの個別化されたSNSによって）送ることが可能になった。つまり、異論が出そうな議論を行なう際には、異論を述べそうな有権者は蚊帳の外に置き、賛同してくれそうな有権者だけにメッセージを送ることができるようになったのだ。

こうした活動の大部分はSNSで行なわれているため、少なくとも表面的には、上から目線の公式メッセージではなく、仲間同士のコミュニケーションという体裁をとる。この種のバイラルプロパガンダには、検閲やファクトチェックがほとんど機能しない。仮に内容が事実無根だと発覚しても、その背後にいる政治家は、「そんなことは言っていない」と否認するだけだ。結果として、「犬笛政治」が横行する。すなわち、一部の者だけがその呼びかけを聞きとり、理解する一方で、他の者には何も聞こえていない状態だ。

この点において、二〇一六年のトランプの選挙キャンペーンは大きな一歩を踏み出した。フェイスブックの大規模な利用と、マーク・ザッカーバーグの好意によるフェイスブック技術者チームの協力により、トランプのデジタル版スピンドクターたちは、エレディタートの説く最適化を繰り返した。その結果、彼らは五九〇万本のメッセージをテストするに至った。ちなみに、ヒラリー・クリントン陣営がテストしたメッセージの数は六万六〇〇〇本にすぎなかった。

しかも、トランプ陣営はビッグデータを用いて支持者に対して効果的なメッセージをつくり出すだけでなく、民主党支持の有権者の投票意欲を削ぐため、三つの標的に焦点を当てながら大規模な攻撃も仕掛けた。

一つめの標的は民主党予備選でヒラリーのライバルだったバーニー・サンダースを支持した理想主義のリベラルな白人、二つめの標的は一八歳から三〇歳の女性、三つめの標的は大都市の貧困地区で暮らすアフリカ系国民だった。

一つめの標的である理想主義のリベラルな白人に対しては、ヒラリー・クリントンの金融界との不適切な関係やビル・クリントンの財団の不透明な資金源など、嘘も含めたさまざまな情報を記したメッセージを大量に送りつけ、ヒラリー・クリントンは「ダボス党」と癒着した強欲で腐敗した人物というイメージを流布した。

二つめの標的である若い女性に対しては、トランプ陣営はビル・クリントンの政治キャリアを汚したセックススキャンダルに繰り返し言及した。一連のスキャンダルが発覚して騒動になったのは一〇年前から一五年前のことであり、若い女性はビル・クリントンのスキャンダルに必ずしも馴染みがなかった。そこでトランプ陣営は、ヒラリーが自らの人間的な弱さ、さらには度しがたい上昇志向から邪悪な夫の共犯者になった、という物語を流布させたのだ。

三つめの標的である都市部の貧困地区で暮らすアフリカ系国民に対しては、ビル・クリントンによる社会保障制度改革——無条件給付の廃止——を想起させるをメッセージや、かつてヒラリーが「屈服させる」べき「頂点捕食者《スーパー・プレデター》」として有色人種の一部の男性を形容した際の人種差別的な発言を蒸し返した。

これらの活動のうち、本物の動画や情報を用いる合法的な部分は、テキサス州サン・アントニオにあるトランプのデジタル選挙キャンペーン本部が直接運営した。一方、捏造とフェイクニュースに基づく影の部分は、アメリカ国内だけでなくマケドニアやサンクトペテルブルクなどの予想外の場所で、選挙キャンペーンの部外者であるブロガーやオルタナ右翼の情報サイトなどが独自に運営した。この影の部分は、「イスラム国に武器を販売した」、「ワシントンにある人気ピザ屋の地下に小児性愛者のネットワークを構築した」など、ヒラリーに対する事実無根の誹謗中傷を垂れ流した。

選挙当日、これらの努力が実り、民主党を支持する多くの有権者は、投票所に足を運ばなかった。有権者全体から見れば棄権した有権者の数は少数だが、トランプが僅差で勝利したことを考慮すると、トランプ陣営の投票意欲を削ぐ作戦は、大きな影響をもたらしたと言えるだろう。

メディアや当局の調査対象になった数多くの事例を比較検討すると、少なくとも二つの特徴を導き出すことができる。

一つめの特徴は、消費者の嗜好や願望を正確に把握するために開発された高性能装置が政治の場に導入されたことだ。

この装置は本来、政治キャンペーンではなく商業のために開発された。フェイスブックなどのＳＮＳは広告プラットフォームであり、企業はこれらのプラットフォームを利用して顧客を囲い込む。もちろん、近年の選挙キャンペーンからもわかるように、この装置は政治活動にも利用できる。ＳＮＳが純粋に商業目的の道具である以上、この道具には政治キャンペーンの分野における逸脱や悪用を防ぐ仕組みや意図はない。

SNSの唯一の関心事は、利用者がプラットフォームで過ごす時間であるエンゲージメントを高めることだ。フェイスブックにとって、エンゲージメントを高めるためのコンテンツがライナー・マリア・リルケ〔ユダヤ系のドイツの詩人〕の詩であろうが、フェイクニュースであろうが関係ない。フェイスブックのビジネスモデルは、フェイスブックが報道機関ではないという立場に依拠している。そうでなければ、掲載したコンテンツについて司法上の責任を負う必要が生じてしまうからだ。フェイスブックはコンテンツについて中立を貫く。フェイスブックというプラットフォームにとって、リルケもホロコースト否定論者も同等であるし、同等でありつづけなければならない。そうしなければ、ザッカーバーグ帝国は足元から崩壊してしまう。

二つめの特徴は、この装置の導入により、選挙キャンペーンはソフトウエア同士の戦争という様相を呈しはじめたことだ。こうした戦争では、ライバルたちは従来型の武器（公のメッセージや正しい情報）と非従来型の武器（情報操作やフェイクニュース）を用いて敵対し、己の支持率を拡大すると同時に敵の支持率を抑え込む。

このような闘いはまだ伝統的な政治ゲームに代わるものではないが、その重要性は増しており、われわれの社会にすでに明白な影響をおよぼしている。

これまで、政治指導者が有権者を色分けするために利用する手段は、きわめて限られていた。労働組合、中小企業主、主婦などの大まかな集団にメッセージを送りつけることはできたが、そうした行為は公の場で実行する必要があった。少数派だけでなく多数派の共感を得るには平均的な有権者に向けて、できるだけ多くの人びとが納得する穏健なメッセージを発信しなければならなかった。よって、従来の民主主義では求心力が働く傾向があった。つまり、政治の中道を制圧する者が勝利を収めたのだ。

物理学者が登場する政治の世界の仕組みは異なる。そこではコンセンサスをつくるために全員を納得させる政治プロジェクトを打ち出すことは、あまり重要ではない。なぜなら、ミシェル・フーコーが四〇年ほど前に予言したように、密集した群衆は消滅し、個々に分断され、各人が細部に至るまで追跡可能な個人の集合体へと変わったからだ。

このような状況では、有権者ごとに関心のあるテーマを見つけ、個別化されたコミュニケーションキャンペーンを通じて、これらのテーマを利用することが課題になる。候補者が有権者のご機嫌を取るために有権者ごとに異なる主張をしても、物理学者の貢献により、こうした矛盾が投票日まで発覚することはなくなった。よって、新たな世界では政治は遠心力になる。最小公倍数で有権者を囲い込むのではなく、できるだけ多くの集団の感情に働きかけ、燃え上がった集団をこっそりとつなぎ合わせることが重要になった。集団ごとの特性に応じたメッセージを送っても、メディアや一般大衆は、候補者の主張が矛盾していることを知る由もない。

こうした論理は、切手収集家やカイトサーフィン〔凧を用いて行なうウォータースポーツ〕などの愛好家といった無害な集団だけではなく、宗教原理主義者やクー・クラックス・クラン〔白人至上主義を掲げるアメリカの秘密結社〕などの危険な集団にも当てはまる。

従来型の政治では求心力によって疎外されていた過激派は、物理学者たちが生み出す遠心力のロジックによって重要視されるようになった。この遠心力により、過激派はもはや存在しない中道に陣取るのではなく、確固たる居場所と発言の場を得た。

経済的なダイナミズムも同じ論理に従い、遠心力を強めている。

ニック・コーエン〔イギリスのジャーナリスト〕は週刊誌『スペクテイター』において「数年前まで、政治的に過激な発言をすることは憚られた」と述べている。

毛沢東主義やナチス主義を自任するには、オズワルド・モズレー〔イギリスの極右政治家〕のように裕福な家庭に生まれるか、貧困生活を甘受しなければならなかった。ところが今日、憎悪を流布する人びとは、インターネットを利用して経済的な利益を得るようになった。

反イスラムを唱える極右活動家トミー・ロビンソンは、ネット上で煽動的な説教をすることによって毎月およそ四〇〇〇ポンド〔七四万円ほど〕を稼ぎ、自身の放送スタジオをつくるためのクラウドファンディングで一〇万ポンド〔一八四〇万円ほど〕を集めた。

ネット上では強い感情を呼び起こすコンテンツが重視されるため、穏健な意見の持ち主が注目を集めることは難しい。したがって、彼らならびに彼らを扱うネット・メディアは、満足のいく収入を得られない。

このような環境では、指導者や政党の行動が変化する。従来型の政党であっても、平均的な有権者を囲い込むために統一されたプラットフォームや一貫性あるメッセージを作成しようとする意欲は薄れつつある。その一方、矛盾をはらんでいようとも、多様な集団を取り込むために多方面にシグナルを送り出そうとする誘惑が強まっている。「五つ星運動」の例からもわかるように、指導者と政党には独自の政治哲学はない。だが、彼らはデータという羅針盤のおかげで、有権者の多様な要望を解釈するアルゴリズムのような存在になった。数学者のキャッシー・オニールによると、二〇一六年のアメリカ大統領選のキャンペーン中、トランプはデータを利用するだけでなく彼自身がアルゴリズムのように振る舞っていたという。すなわち、トランプはあらゆるテーマについてツイートし、国民の反応を見ながら次のツイートを調整するという作業を繰り返したのだ。

ニコライ・ゴーゴリの戯曲『検察官』のように、政治指導者は「空ろな人間」になった。政治指導者の会話のテーマを決めるのは質問側だ。政治指導者に話をさせ、会話をつくり出すのは質問側であり、政治指導者に求められる唯一の付加価値は派手な振る舞いである。トランプが遵守するたった一つのルールは、「聴衆を退屈させない」ことだ。つまり、次のエピソードを観たいと思わせる連続ドラマのストーリーテリングのように、日々、予期せぬ出来事を生み出すことだ。結局のところ、トランプの歴史的な功績は、大統領選がきわめて凡庸なテレビ番組にすぎないと看破したことだ。トランプは大統領に就任してからも「聴衆を退屈させない」ことを第一義にしてきた。ベッペ・グリッロも長年にわたってこの手法を愛用してきた。グリッロの集会は、参加者たちを劇場に来たような気分にさせるワンマンショーだった。参加者たちは憤慨し、ときには感動し、そして大笑いした。しかも、集会の入場料は無料だった……。

今日、世界のポピュリズム運動の主要人物たち全員は、「連日、騒動を起こす」という原則に基づいて行動している。たとえば、トランプの物騒なツイート、ナイジェル・ファラージの芝居じみた態度、マッテオ・サルヴィーニのフェイスブックへの投稿などだ。話題は次々と変わるので、一つ一つが丁寧に吟味されることはない。

この過程では、発言者のそれまでの意見との整合性や、事実に基づいた意見であるかは関係ない。重要なのは、少し前まで極左が主張していた意見から極右の意見までを網羅して、幅広い層から共感を得ることだ。穏当な意見を述べたり、さまざまな意見を統合したりするのではなく、最適温度を見つけるために、頭はオーブンに、足は冷凍庫に突っ込む統計学者のように、過激な意見を足し合わせていくのだ。

インターネットやSNSが普及するかなり以前、ドイツ生まれのアメリカの歴史学者ピーター・ゲイは、ワイマール共和国が危機に陥ったときの状況を「中道の穏健な政党が過激な政党に取って代わられることによって政治の中道が崩壊した」と表現した。

今日、新たなデジタルツールは、ワイマール共和国の崩壊時と同じ傾向を加速させ、さらに強化している。いつの時代においても、政治指導層が権威を失って危機に陥ると、そうした傾向が確認できる。

こうして、不寛容な少数派が歴史の趨勢を左右する時代が再び訪れようとしている。

ナシム・ニコラス・タレブ〔ブラック・スワン理論を提唱し、「カオスの帝王」とも称される、レバノン系アメリカ人の作家〕は次のように自問する。

「なぜ、発禁（あるいは焚書）になる書籍があるのだろうか。その理由は、世間一般の俗人を怒らせるからではない。ほとんどの人びとはそのような書籍に関心を持たず、発禁処分を求めるようなことはしない。私の知る限り、特定の書籍を発禁処分にしたり、特定の人物をブラックリストに載せたりするには、数人のやる気のある活動家がいれば充分だ」

不寛容な少数派は限られた人数であっても融通がまったく利かず、意見を変えることがない。一方、不寛容な少数派を除く大部分の人びとの意見は移ろいやすい。条件が整い、代償がそれほど高くなければ、彼らは不寛容な少数派の意見に与《くみ》するかもしれない。そうなれば、イギリスの哲学者ジョン・スチュアート・ミルの「悪が勝利する過程で必要なのは善良な人びとの無為」という箴言が正しいことになる。

この原理に基づき、ドナルド・トランプの当選を予見した数少ない人物の一人がフランスの物理学者セルジュ・ガラムだ。ほとんどの政治評論家は、「トランプのような人物が勝つことはありえない。仮に、共和党予備選で勝利したとしても、穏健化して中道寄りになるだろう」とコメントしたが、ガラムはまったく逆の理論を述べた。

「トランプの勝利は、少数の不寛容な人びとだけでなく、大多数の寛容な人びとにも支えられている。寛容な人びともトランプの煽動する偏見を表面では抑圧しつつ、心中では共感しているからだ」

ガラムの理論を具体的に述べると次の通りだ。トランプは物議を醸す発言によってスキャンダルを引き起こすたびに、凝り固まった考えを持つ少数派を活気づけ、それ以外の多数派に訴える。こうして不寛容な主張に賛同する心理的なハードルは下がる。

「議論が対立すると疑念が生じる。すると、偏見が無意識のうちに覚醒する。この無自覚な偏見に導かれてトランプを支持する集団が現われる」

この枠組みで重要になるのは不寛容な少数派だ。柔軟な考えを持つ多数派の間で疑問が生じるには、過激な主張が一定の支持を得る必要がある。だからこそ、トランプをはじめとするポピュリストは過激な支持者を重宝するのだ。過激な支持者こそ彼らの原動力の要だ。

これは社会学者の間でよく語られるトリクルダウン理論だ。人びとは新たな意見に接すると、手元にある情報や周辺にいる人びとの意見を参照する。「この意見は社会的に受け入れられるのだろうか。それとも間違っていると否定されるのだろうか」という疑問を解決するには、他者の意見を参照する。なぜなら、人間は社会的な動物であり、結局のところ他者の意見を参照するのが最も合理的だからだ。ほとんどの疑問に関して、われわれは自身の体験や調査を通じて情報を得ることはできない。よって、主流と思われる見解を頼りにせざるをえない。たとえば、地球が太陽の周りを回っていること、第二次世界大戦中にナチスが六〇〇万人のユダヤ人を虐殺したこと、数多くの深刻な疫病がワクチンによって根絶されたことなどは、一般的に、自身の体験や調査を通じて確認することはできないが、少なくともごく最近までは、ほとんどの人びとはこれらを確固たる事実として認識してきた。

新たな情報や意見に対する受容性には個人差がある。新たな考えが自分のものと一致してすんなり受け入れられる人もいれば、逆に強い拒否反応を示す人もいる。だが、新たな考えを受け入れる人の数が増えるにつれて（例：ワクチン接種は自閉症を引き起こす、難民はテロリストだ）、そうした考えに懐疑的だった人びとの受容性も高くなる。受容性が臨界点に達すると、当初はごく少数の者たちのものだった言動を、共同体全体が抵抗なく受け入れるようになる。二十世紀、こうした現象は何度も起こった。そしてインターネットやＳＮＳが普及した今日、世論を多数派のほうに押し流す情報カスケードが加速および増殖し、こうした現象が実際に起こっている。

ネット上での過激派のサイト、ブログ、フェイスブックのページなどは、トランプ、オルバーン、サルヴィーニの選挙キャンペーンの主要な原動力だ。もちろんそれら以外にも、偽のプロフィールを使う人物や自動投稿を繰り返す「ボット」なども、フェイクニュースを垂れ流し、情報カスケードに寄与する。実際に、こうしたことは頻繁に起こっているが、重要な点は過激派があらゆる観点からシステムの中核に位置するようになったことだ。つまり、論調を決めるのは過激派になったのだ。

かつての政治工作は、人びとを団結させるメッセージをつくり出すことだったが、今日ではできるだけ派手に人びとを分断させることへと変化した。過半数を獲得するには中道に収斂させるのではなく、極端を足し合わせる必要があるのだ。

物理学に話を戻すと、遠心力を利用するシステムは次第に不安定になるという問題がある。これは天然ガスにも人間の集団にも当てはまる。社会に作用する遠心力は日増しに強まっている。われわれはこのような社会をいつまで統治できるのだろうか。

経済の崩壊はおよそ三〇年前に始まった。それは技術革新と市場開放が組み合わさった力学によって個人の所得格差が拡大しはじめたときだ。

つい最近になって登場した情報工学は、すでに著しい発展を遂げた。この発展により、全員が新聞やテレビのニュース番組などを通じて（程度の差はあっても）同じ情報に接するという「公共圏」はほぼ廃れた。

政治も同様の道筋を歩んでいる。政治はクリントンやブレアの「第三の道」、そしてブッシュやキャメロンの「思いやりのある保守主義」のようなプロジェクトが依拠した求心力の論理から、過激派を活気づけながら彼らを足し合わせる遠心力を用いる戦略へと移行しつつある。ようするに、危険な急展開が起ころうとしているのだ。

なぜ危険かというと、大衆の秘められた暴力的な欲動であるアニマル・スピリッツを解き放つことは比較的容易だが、これと逆の道を辿るのは、はるかに困難だからだ。トランプ、サルヴィーニ、ボルソナロらは、遅かれ早かれ、自分たちが生み出した有権者の期待を裏切り、支持を失う運命にある。恫喝、侮辱、人種差別的な発言、意図的な嘘、陰謀論などからなる彼らの政治スタイルは彼らが登場するまでは、数十年間にわたって政治システムの片隅にあった。しかし今後、こうしたスタイルが政治システムの中央に位置する。今日の若い世代は、政治を観察することによって反リベラルな態度やスローガンからなる国民教育を受けている。こうした教育は、彼らが大人になったときの態度に大きな影響をおよぼす。一度破られたタブーは簡単には修復できない。

現在の指導者たちのブームが去っても、ナショナリズム型ポピュリズムという習慣性の強い薬物に慣れた有権者が、従来型の政党の淹《い》れるカモミールティーを再び注文するようになるとは思えない。彼らは何か新しいもの、おそらくさらに刺激の強いものを求めるはずだ。

結論
量子政治学の時代

ロニー・マクミラーはその生涯を猫に捧げてきた。「ミルウッド猫救済センター」を運営するマクミラーは、二〇年以上もイギリスのエドウォルトン地区において捨て猫を保護し、里親が見つかるまでの間、猫たちの世話をしてきた。一般的に、イギリス人はペット好きなので、これまで里親探しは比較的容易だった。

ところが最近、マクミラーは奇妙な現象に気づいた。彼が保護する猫のうち、黒猫の割合が異常に増えたのだ。黒猫の数が増えすぎたため、里親探しが難航するようになった。

マクミラーは当惑した。黒猫には呪いや魔術にまつわる迷信があったので、黒猫は以前からあまり人気がなかった。しかし、こうした考えは時代遅れではないか。古臭い迷信が蘇《よみがえ》ったのだろうか。この現象を詳しく検証すると、増えたのは黒猫だけでなく、毛の色の濃い猫全般だった。

理由はともあれ、毛の色の濃い猫は捨てられ、里親がなかなか見つからない。「ミルウッド猫救済センター」を訪れる子供たちに黒猫や栗色の虎猫を勧めても、彼らは「明るい色の猫がいい」と答える。

七〇歳をこえるマクミラーにとって、この現象は謎だった。だがある日、一人の若者がその理由を当たり前という風に説明してくれた。「毛の色の濃い猫は自撮りに向かない。猫の形はよくわからないし、不格好な染みのように見える。小さな黒い怪物を抱いた自撮りの写真を自慢したい人などいない。白色やピンク色の子猫のほうが写真映えする」。

マクミラーはこの説明に啞然とした。なぜなら、暗黒の中世の時代から数世紀間にわたって黒猫にかけられた呪いが、今日においてもこのようなくだらない理由で続いていたからだ。マクミラーは「イギリス王立動物虐待防止協会(RSPCA)」にこの現象を報告した。この協会はおよそ二世紀前からイギリスに生息する動物の愛護に取り組む由緒ある機関だ。マクミラーはRSPCAの説明にまたしても啞然とした。

RSPCAによると、エドウォルトン地区での現象はイギリス全土で確認できるという。イギリス中で黒猫が嫌われているのだ。イギリスの動物愛護センターにいる猫の四分の三は毛の色の濃い猫であり、この割合は増加傾向にあるそうだ。世界中の人びとと同様、イギリスで暮らす女王陛下の臣下たちも自撮りに夢中であり、写真映えのしない猫は不人気だ。しかし、自撮り文化の犠牲になっているのは、毛の色の濃い猫だけではない。

誰もが自己愛《ナルシシズム》に浸る時代では、代議制民主主義も多かれ少なかれ黒猫と同じ運命を辿る恐れがある。なぜなら、その基本原則である仲介機能が、時代の潮流と根本的に対立しているからだ。新たなテクノロジーが導入されることにより、あらゆる分野で仲介機能は不要になりつつある。その基本原則を維持するには、妥協が必要になるので、どうしても時間がかかる。こうした妥協を必要とする過程は、ワンクリックで即座に自分の要求を満たすことに慣れた消費者を苛立たせる。そして代議制民主主義の仕組みは、細部に至るまで、自撮り《セルフィー》依存症者の自尊心を傷つける。彼らは次のような疑問を抱く。なぜ、投票は秘密保持なのか。今日では、ロックコンサートから葬式まで、あらゆる場面で誰もが自撮りすることができる。いや、できるべきだと考えられている。どうして投票所内では、SNSで広く行なわれている自撮りが禁止されるのか。

新たなポピュリズムやナショナリズムも、こうした不満から生じた。新たなポピュリスト運動やナショナリストたちにとって、政策の主眼が、代議制民主主義を黒猫と同じ運命に導くことであるのも偶然ではないだろう。

本書で紹介したように、古い議会制度に代わるデジタル直接民主主義の設立は「五つ星運動」の存在意義であり、ジャンロベルト・カサレッジオの夢だった。彼の息子ダヴィデはまだこの夢を断念していないようだ。

コンテ政権には「議会および直接民主主義担当大臣」という矛盾した名称のポストが新設された。また、フランスの「黄色いベスト運動」では、「すべての分野において国民投票を行なうべき」という主張があった。

しかし、政策の是非以前に、新たなポピュリスト運動は、自分たちの支持者に参加の機会を提供することによって、代議制民主主義をすでに凌駕している。政治の観察者は支持者の参加という側面を見逃しがちだが、これはポピュリスト運動の求心力を理解する上できわめて重要だ。参加したいという願望は、ほとんどの場合では憤激から生じるとしても、「五つ星運動」、トランプ革命、さらには「黄色いベスト運動」への参加は満足感と、ときには喜びさえもたらしてくれる体験なのだ。

世界中を駆けめぐった「黄色いベスト運動」のイメージは、シャンゼリゼ通りでの暴力や商店の略奪だった。だが、SNSでは、デモ参加者が伝統音楽に合わせて円形交差点で踊ったり、互いにふざけ合ったりして楽しんでいる祭りのような光景も散見できた。

実際に孤立した状態で暮らしている人びとにとってポピュリストのカーニバルに加わるのは、共同体に参加することであり、たとえ当初の政治目的が達成されなくても、孤立した生活を一変させることを意味した。

トランプの集会と同様、「五つ星運動」のレトリックにも、長期にわたって抑圧されてきた個人のエネルギーを解き放つと謳う、ある種の自己啓発が見出せる。

「「古臭い礼儀作法を説いてまわるのは、トランプとは違って自分らしく振る舞うことのできない、意気地なしの敗者にすぎない」。こうしたイメージ戦略がトランプの勝因だった」と、アメリカのジャーナリストであるマット・タイービは分析する。これは誰もがナルシシストの時代に見事に合致する解放感をもたらす強力なメッセージだ。

ナショナリズム型ポピュリスト運動への支持が物理的な次元を超え、最も完全に実現されるのは、バーチャルな領域においてだ。この領域では、カオスの仕掛人たちが開発するアルゴリズムにより、誰もが「自分は歴史の変革の中心にいる」。蚊帳の外に追いやられていたが、ついに歴史を動かす主体になった」という感覚を抱く。

イギリスのEU離脱のスローガン「支配権を取り戻せ」は、すべてのナショナリズム型ポピュリスト運動の基本だ。この主張は人間の原初的な本能に基づいている。アメリカの心理学者ブルーノ・ベッテルハイムが強制収容所の生還者を対象に調査したところ、生き残ったのは強制収容所での日常生活において、たとえ想像上のものであっても自身の支配領域を確立できた人びとであることがわかった。また、老人介護施設で暮らす高齢者を研究した心理学者たちも同様の結論に至った。自分ではどうにもならない環境で生活せざるをえない場合であっても、たとえば、部屋に飾る絵を選ぶことや家具を動かすことができるといった、自身の支配領域があると、より快適に過ごし、長生きする可能性が高まることが確認できたという。

人間の支配権に対する欲求は非常に強く、偶然に身を任せているときでさえ頭をもたげる。たとえば、サイコロを使ってゲームをする際、プレーヤーは自分でサイコロを振りたがる。結果が見えないのは同じでも、サイコロを振った後よりも振る前のほうが、掛け金は増える。同じことは他のゲームにも当てはまる。宝くじを買う者は番号を選びたがる。コイン投げが必要なさい、ほとんどのプレーヤーは自分でやりたがる。これらすべては支配権の重要性を物語る。支配権に対する欲求は、ルーレットで遊んでいるときでさえ、決して手放そうとしない人間に染みついた本能なのだ。

共同体のメンバーが自分たちの運命を自身で支配するシステムこそ民主主義の本質だ。それは天災や人災に翻弄されることなく、己の選択と結果に責任を持つ自律した個人の尊厳を確約することだ。ほぼ世界中で、有権者の幸福が脅かされているのに、政治指導層は彼らに手を差し伸べようとしない。このような状況において、多くの有権者は自分たちの運命を自身で支配できなくなったと感じている。だからこそ、彼らはこの危機を見過ごすわけにはいかないと憤るのだ。

カオスの仕掛人たちは、この不満が票田になると察知し、多少の黒魔術を駆使してこの不満を膨《ふく》らませ、自分たちの目的に合う方向へと誘導した。ナショナリズム型ポピュリストが支配権の喪失に対して提唱する政策はお馴染みだ。

すなわち、外部からの遮断である。国境の閉鎖、自由貿易協定の廃止、比喩的な意味も含めて外部に対して壁を築いて内部を保護することである。

しかし、本書で紹介してきたように、カオスの仕掛人たちは、その形態や仕組みにおいて群を抜いている。ウディ・アレンの言葉を借りるなら、テクノロジーによる自己愛の時代においては、「善人なら頭にも浮かばないことを思いつくのが悪人だ」。

俳優ベネディクト・カンバーバッチがドミニク・カミングスを演じた、イギリスのＥＵ離脱を題材にした秀逸なドラマ〔チャンネル４で放送された『ブレグジット ＥＵ離脱』〕では、新たなテクノロジーを活用して現代の怒りを巧妙に利用する方法が描かれている。「海底の鉱床に眠っている石油と同じように、われわれがなすべきは人びとの怒りがどこにあるのかを発見し、掘削し、バルブを開いて圧力を解放することだ」。

人びとの怒りを解き放つために、カオスの仕掛人たちは違法な手段さえ用いた。現在、イギリス当局は、EU離脱推進派がキャンペーン中にアグレゲートHQ社に収集させたデータを利用して一〇億本以上の個別化したメッセージを有権者に送りつけたことについて調査中だ。

カオスの仕掛人たちが権力を手中に収めれば、こうした濫用はさらに増えるだろう。イギリスでは、ドミニク・カミングスはボリス・ジョンソンの上級顧問として首相官邸に着任するや否や、英国のEU離脱を支持する大掛かりな公式キャンペーンを開始した。カミングスはイギリス国民に個別化したメッセージを送るためにイギリス政府の全サイトのデータを一元化したのだ。インドでは、ナショナリズム型ポピュリスト政党「インド人民党(BJP)」は、若者や女性にスマートフォンを無償で配布した。これは社会的格差を解消するためという名目だったが、実際にはこの党の候補者を応援するプロパガンダを彼らに拡散するためだった。この無償配布により、BJPの勢力はさらに拡大した。

カオスの仕掛人たちの強みは、データを巧妙に利用する能力にあるだけでなく、政治が単なる数字や利害の問題にとどまらないことを理解している点にもある。時代は変化したかもしれないが、基本は変わらない。勝利するには、既存の優位に頼るだけでは不充分であり、新たに道を切り拓き、有権者の感情を呼び覚ます必要がある。もちろん、リーダーシップを発揮し、政治理念を説くことは、これまでと同様にきわめて重要だ。多くのナショナリズム型ポピュリストの主張のように、たとえ時計の針を戻すことを目ざす過去への回帰であっても、現実を変えたいという伝染力のある願望を生み出すことができなければ、選挙で勝利することはできない。

進歩主義者の思いは、一世代で「夢を現実に」から「現実を夢に」へと変わった。「そうだ、われわれならできる《イエス・ウィー・キャン》」というスローガンを掲げてアメリカ大統領に就任したバラク・オバマも、しばらくするとホワイトハウスの行動規範として「愚かなことはするな」を掲げた。

フランスの政治学者ドミニク・レイエによると、国民の間では、生活水準という有形資産と、ライフ・スタイルという無形資産が同時に失われるのではないかという不安が広がっているという。レイエはこれを「世襲財産の危機」と呼ぶ。進歩的でリベラルな穏健派に対する支持は、彼らがこの危機に対する説得力のある対応、つまり、明るい未来像を提示しない限り、低下しつづけるだろう。

本書の目的は、この危機に具体的な対応策を提示することではない。しかし、歴史を振り返ると、二十世紀最大の改革者フランクリン・デラノ・ローズベルトは、自身の政治理念をこれまでとは異なる新たな伝達方法と組み合わせることで、当時のポピュリストの台頭を阻止したことがわかる。一九三〇年代初頭に実施されたニューディール政策は、有権者の期待や要望に応えるため、民間部門で開発されたマーケティングや広告の手法を取り入れた「新たなポリティクス」の誕生をもたらした。また、カオスの仕掛人の大先輩である近代的なスピンドクターが登場したのもこの時期だった。

今日、インターネットとSNSの導入により、政治ゲームのルールは再び変化した。現代の政治は緻密な計算に基づく一方で、以前よりも予測困難で非合理的な効果をもたらすようになった。この変化に対応するには、真のパラダイムシフトが必要だ。二十世紀の物理学者たちが、感覚的には納得できるが科学的には誤りであるニュートン力学の確実性を放棄し、現実をより正確に捉える量子力学を探求せざるをえなかったように、われわれもまた、従来の政治論理が通用しなくなったことを認めるべきだろう。

望遠鏡による観察に基づく当時のニュートン力学では、不変の法則が作用する機械論的な世界が描かれた。こうした世界観では、原因が判明すれば結果がわかった。二十世紀初頭の物理学者たちは、物質の不可分な単位は原子であり、原子は安定した特性を持つ粒子であるので、個々の原子の挙動は予測可能だと信じていた。しかし、マックス・プランクをはじめとする量子物理学の創始者たちの発見により、こうした静的な世界観は覆された。

現在、砕いた原子のなかには、挙動を予想できない粒子が含まれていることがわかっている。これらの粒子の挙動は、観察のたびに変化する。

量子物理学には、古典物理学では説明のつかない現象やパラドックスがあふれている。この学問は、すべてが不安定で、客観的な現実が存在しない世界を明らかにした。なぜなら、観察者は自らの視点に基づいて現実を変更するからだ。このような世界では、物質そのものの特性より相互作用が重視され、矛盾する複数の真実が存在しても、それらは互いを否定することなく共存できる。

物理学と同様、ニュートン政治学は、ある程度、合理的で支配可能な世界を対象にしてきた。このような世界では、行動ごとに決まった反応があり、有権者は、イデオロギー、社会的階級、地域に応じた特性を持つ原子のような存在だった。そしてこれらの特性から確固不動の政治的な選択を導き出すことができた。

つまり、ニュートン力学的な側面を持つリベラルな民主主義の基盤には権力の分散に加えて、統治する側にとっても統治される側にとっても、多かれ少なかれ客観的な現実に基づいて合理的な決定が下されるという前提があった。この考えを極端に表現したのが、ベルリンの壁崩壊後にフランシス・フクヤマが提唱した『歴史の終わり』だった。

量子政治学では、客観的な現実は存在しない。すべては他の事象との関係で暫定的に定義される。そして現実は観察者によって異なる。このような世界では、グーグルの元CEOエリック・シュミットが述べるように、われわれがアクセスするコンテンツは個別化されたものばかりになる。アップル、フェイスブック、グーグルなどのアルゴリズムにより、われわれは関心のある情報に接することができる。そしてザッカーバーグが述べるように、利用者がアフリカの飢餓よりも自宅前の木の枝にしがみつくリスに強い興味を示すなら、アルゴリズムは地中海の反対側で起きている悲劇ではなく、その人物が暮らす地域の齧歯類に関するニュースを浴びせかけてくる。

したがって、量子政治学において各自が眺める世界は、文字通り他者には見えない。よって、合意の形成はますます難しくなる。合意するには「他者の立場になって考える」必要があるが、アルゴリズムが司る現実では、この作業は不可能だ。誰もが自分の殻に閉じこもり、殻の中では、聞こえてくるのはお馴染みの声だけであり、存在するのもお決まりの事実だけだ。そして各自は自己の殻から抜け出せない。ましてや自己の殻を他者と交換することなどない。ジャロン・ラニアーはこうした状況を、「誰もが他者を頭のおかしな人物と思うようになる」と表現する。なぜなら、人びとを分断するのは、事実に関する意見の違いではなく、事実そのものが異なるからだ。

ダニエル・パトリック・モイニハン〔アメリカの社会学者、政治家〕は、「誰もが独自の意見を主張する権利を有しているが、「独自の事実」を持つ権利はない」という箴言を残した。この原則はニュートン政治学では有効だったが、量子政治学ではもはや通用しない。そして、サルヴィーニやトランプのような人物にこの原則を振りかざしても勝ち目はないのだ。

量子政治学はパラドックスに満ちている。富豪が貧者の怒りの旗手になり、政策決定者は自らの無知を誇示し、閣僚たちは自らの管轄する省の行政データに異議を唱える。ボードレールは、芸術家には「自己矛盾する権利と立ち去る権利」があると述べた。しかし、新たな政治家には矛盾したことを言ってもその場に居座る権利があるらしい。彼らはツイートやフェイスブックのライブ配信をこまめに利用してさまざまな異論を唱え、フォロワーごとに別々の現実を一つずつ丹念に構築していく。

したがって、ニュートン政治学のゲームのルールを遵守するようにと、しつこく注意しても徒労に終わる。アントニオ・エレディタートは著書のなかで「量子力学はしっくりこない物理理論だ。なぜなら、われわれの直感や数世紀にわたってわれわれが慣れ親しんできた世界の見方と大きく異なるからだ」と述べている。そうはいっても、物理学者たちはあきらめず、忍耐と好奇心を武器に、マックス・プランクらの発見によって切り拓かれた新たな世界を探求した。

第一次世界大戦とロシア革命の直後、ジョン・メイナード・ケインズは、サマー・スクールに集まった若いリベラル派に向け、政治について次のように語った。

「わが政治家たちの紋切り型の知恵が依って立つ前提は、かつては（部分的であれ）真実だったが、今では日に日に真実から遠ざかっている。われわれは、新たな時代のために新たな知恵をつくりださなければならない。そして同時に、何かしらよいものを再構築したいのなら、先人たちにとって、異端、不適切、危険、反抗的な存在になる必要があるだろう」

今後、民主主義を尊ぶ人びとが政治の形態と内容を刷新するのに必要なのは、創造的であると同時に破壊的なそうした精神だろう。量子政治学の時代は、そのような精神がなければ、われわれは自分たちの価値観と思想を守ることができない。

あとがき

新型コロナウィルス感染症が流行しはじめたのは二〇一九年一二月初め、そしてロシアのウクライナ侵攻が始まったのが二〇二二年二月末だ。

したがって、アメリカ大統領だったドナルド・トランプがペンシルバニア州ピッツバーグで開かれたエネルギー問題のシンポジウムに参加した二〇一九年一〇月二三日の時点では、世界はまだ何とかバランスを保っていた。このとき、われわれの暮らしがテレビドラマで描かれるようなディストピアになるとは、誰も思っていなかった。このシンポジウムでの演説で、トランプは得意の暴言をぶちまけた。

「コロラド州に高い壁をつくろうではないか。乗り越えるのはもちろん、穴を掘っても通り抜けることのできない頑強な壁だ」

このときの映像を見ると、ホワイトハウスの紋章の入った演台に立つトランプは、実に満足げな表情を浮かべている。歓声が湧き上がったことから判断すると、聴衆はこの発言に納得したようだ。だが、唯一の問題は、コロラド州がメキシコと接していないことだ。コロラド州がニューメキシコ州に接しているからといって、コロラド州に壁を建造するのは明らかに的外れだ。

もちろん、ジャーナリストやコメンテーター、有識者らは、即座にトランプ大統領の無知を指摘した。しかしながら、暴言の常習犯であるトランプは、この発言によって四つの政治的目的を一挙に成し遂げた。

一つめは、コロラド州に壁を建造することなどありえないのに、あえてこれに言及することで、自分の得意なテーマ（不法移民の流入を防ぐ大規模な壁の建造）を政治課題の中心に据えることに再び成功したことだ。二つめは、メディアや政界、学界のエリート層から軽蔑的な非難を受けることで、「民衆の敵」である体制側と闘うアウトサイダーとして、自らを強く印象づけたことだ。これはトランプの常套手段でもある。三つめは、外部からの制約が多すぎて何もできないとされる技術官僚《テクノクラート》の世界において、トランプ大統領は、地理という現実さえも自身の意志に従わせることで政治の優位性を取り戻したことだ。四つめは、ご存じのように、フェイクニュースや陰謀論がアイデンティティを強化する強力な手段であることを利用し、トランプはこの「失言」によっても自分の信奉者たちを再び奮い立たせたことだ。コロラド州がメキシコに接していないことくらい地図を見ればすぐにわかる。だからこそ、コロラド州に壁を建造するというトランプの計画を信じるには、彼の熱心な信奉者になる必要があるのだ。

怒りとアルゴリズムの結合から誕生したこの邪悪な論理により、政治に関するあらゆる価値観とルールは覆される。これこそが、私が二〇一九年に出版した『ポピュリズムの仕掛人』の初版で探求したテーマだ。

本書の初版が出版された翌年の二〇二〇年、新型コロナウィルス感染症が流行し、状況は一変した。ナショナリズム型ポピュリストの指導者の多くは、カオスをさらに煽ることでこの危機に対応した。たとえばトランプやボルソナロなどの指導者は、公衆衛生の専門家たちを嘲笑し、地域レベルでの感染症対策を実施しようとする地方議会議員たちを攻撃するなどして、政権獲得の原動力となったカーニバル精神をなんとか維持しようとした。

しかし今回のコロナ危機では、世論の多くは彼らではなく、彼らが批判していた専門家や穏健な指導者の勧告に従う道を選んだ。また、初めてのこととして、主要なデジタルプラットフォームが、煽動的なフェイクニュースの拡散を抑え込むために、問題のあるアカウントを閉鎖したり有害な投稿を削除したりした。ナショナリズム型ポピュリスト運動の活動家たちは、コロナ危機によって移民や治安などといったお得意のテーマを奪われるとともに、自分たちの反体制的なレトリックが裏目に出て、大きな挫折を味わうことになった。

二〇二〇年から二〇二一年にかけて、ほとんどの国ではカオスの仕掛人たちの勢力は衰退し、ジョー・バイデンやマリオ・ドラギなどの穏健派が息を吹き返した。ところが、読みは甘かった。コロナ危機が現実への回帰を促し、ナショナリズム型ポピュリストたちのカーニバルを終わらせ、社会のあらゆる場面で能力主義が復活するのではないかという期待は大きく外れた。それどころか、コロナ危機は、本書の結論の章で触れた量子政治学の展開をさらに加速させただけだった。

蛸壺型デジタル空間に閉じ込められ、情報の濁流に飲み込まれたわれわれ現代人は、ホフマンスタールが描いたチャンドス卿にますます似てきている。チャンドス卿は、四歳の姪が嘘をついたとして叱ろうとしたとき、真実が断片化していくのを目の当たりにする。断片化した真実はさらに断片化し、「真実」という確固たる概念で捉えられるものは何ひとつない……。チャンドス卿は次のように回想する。

「個々の言葉はわたしのまわりを浮遊し、凝固して眼となり、わたしをじっと見つめ、わたしもまたそれに見入らざるをえないのです。それは、はてしなく旋回する渦であり、のぞきこむと眩暈をおこし、突きぬけてゆくと、その先は虚無なのです」〔ホフマンスタール著『チャンドス卿の手紙』檜山哲彦訳、岩波書店、一九九一年より〕

カオスの仕掛人たちは、この眩暈《めまい》を糧として戦略を構築する。

今回のコロナ危機においても、ウィルスの発生源や、秘匿された魔法の特効薬、さらにはワクチンを製造する陰の勢力など、陰謀論の温床となった医療部門を足掛かりに、彼らは新たな分野への進出を試みた。また、急進右派は伝統的な権威と価値観の復活を掲げつつ、絶対自由主義的で逸脱的な闘いを展開した。ワクチンの集団接種は個人の自由に反すると糾弾し、ワクチン接種の証明書の発行を、ナチス政権下でユダヤ人が着用を強制されたダビデの星と同一視する発言まで行なった。

こうしてコロナ危機の期間中、ポリティカル・コレクトネスや環境保護を名目に制約を課すことに専念する左派を尻目に、右派は反逆に打って出た。

これまでカオスの仕掛人たちの仕組んだカーニバルの主戦場は、アルゴリズムが支配するネット上だった。そこでは、体制の権威を訴える意見、体制の転覆を叫ぶ意見、伝統的な価値観を尊ぶ意見、インフルエンサーが吹聴する情報、神や祖国に関する見解、ビデオゲームなど、あらゆるものがごちゃ混ぜになって溢れかえり、物事の一貫性よりも「シェア」や「いいね！」が優先された。そして今日、彼らの主戦場は現実へと徐々に移行している。

その一例が、二〇二一年一月六日に勃発したアメリカ合衆国議会議事堂襲撃事件だ。この暴動に参加したのは、道化師、民兵、善良な父親、白人至上主義者らであり、彼らは嬉々として自撮り《セルフィー》に興じた。この事件は見せかけのクーデタのような騒乱だったが、それでも五人の死者と数百人の負傷者を出した。その二年後、ブラジル前大統領ボルソナロの支持者が、ブラジル国会議事堂だけでなく、大統領府と連邦最高裁判所を襲撃した（この事件が発生したのは、リオのカーニバルの初日だった……）。

現実世界に導入された量子政治学の新たなルールは、完全に機能している。以前なら、かくも極端《エクストリーム》な示威行動は、政治指導者が政権復帰の可能性を残すために距離を置かざるをえなかった。だが今日では、極端な行動を称讃し、穏健な行動を罰するインターネット・プラットフォームの論理が、現実世界にも適用されるようになった。

その結果、カオスの仕掛人たちは粗暴な者たちに媚びを売るようになった。なぜなら、そうすることで過激な支持者を奮い立たせるだけでなく、一般の人びとが過激な意見に接したさい、そうした意見に賛同する心理的ハードルを低くすることができると認識しているからだ。

本書に記したとおり、私がローマの高級ホテルのスイートルームでスティーブ・バノンに会ったとき、彼はネット上での自らの活躍ぶりを自慢した。そして今日、「中西部で暮らす冴えない人物であっても、実生活でギリシア神話の英雄のように振る舞うことができる」と豪語している。週に五日ポッドキャストで配信される彼の番組《戦略決定室》では、バノンは現実社会における活動家を、兵隊、幹部、精鋭部隊の三段階に分類し、ビデオゲームの階級構造を彷彿とさせる語り口を用いている。つまり、バノンの狙いはバーチャルな戦利品の獲得ではなく、アメリカ民主主義の崩壊に他ならない。

ヨーロッパの政治状況は、アメリカやブラジルのそれとは大きく異なる。ヨーロッパにおいても、カオスの仕掛人たちはコロナ危機によって消滅するかに思われたが、環境の変化に適応する突然変異の生物のように、以前にもまして強靭になって復活した。

そうはいっても、ヨーロッパのナショナリズム型ポピュリズム運動は、コロナ危機とロシアのウクライナ侵攻によって陰りが生じ、カオスの仕掛人たちはEUとポピュリズムの双方に媚びを売るという離れ業を演じる羽目に陥った。なぜなら、ヨーロッパの諸機関は、さまざまな困難に対して迅速に対応したからだ。

二〇〇九年に発生したギリシア債務危機の際、EUは対応策を打ち出すのに一年以上を要したが、今回、財政だけでなく公衆衛生の面においても、EU加盟国は短時間で協調行動をとることができた。未曾有の危機に直面したEU市民は、EUの直接的な管轄下にない公衆衛生などの分野においても、EU各国による協調行動の恩恵を目の当たりにした。

EU各国の国民にとって、EUは脅威ではなく保護してくれる存在だと認識されるようになったのだ。とくに、EUに対するこうしたイメージは、イタリアのようにコロナ危機による被害の大きかった国々が欧州復興計画による財政支援を享受すると、さらに強まった。

二〇二二年二月二四日のロシアのウクライナ侵攻時においてもEUは迅速に対応した。EUは今日においても厳しい試練にさらされているが、たった数日で共通見解を練り上げた。ここ数十年来初の出来事として、ヨーロッパにおいて大規模な戦争が勃発する恐れがあるという新たな局面を迎え、ヨーロッパ人はEUを結束と保護の装置と見なすようになったのだ。

これらの出来事は、ヨーロッパの政治力学に大きな影響を与えた。フランス、スウェーデン、イタリアでの選挙結果を見ればわかるように、ナショナリズム型ポピュリズム運動はしぶとく生き残り、むしろ勢力を拡大さえしているが、ポピュリストたちのEUに対する態度は変化した。たとえば、数年前とは異なり、EUやユーロ圏からの離脱を説く者はいなくなった。二〇二二年九月末に行なわれたイタリアの総選挙では、イタリアのEU離脱を訴えた政党は一つしかなく、この政党の得票率はわずか一・九パーセントだった。また、EUにはロシア政府と強いつながりを持ち、財政支援さえ受けていた政治勢力が存在したが、彼らもプーチンから距離を置かざるをえなくなった。

こうした結果が、政治学者ジル・グレサーニが呼ぶところの「テクノ主権主義」の誕生であり、その最初の事例がイタリアにおけるジョルジャ・メローニの勝利だ。これは、EUの技術官僚《テクノクラート》の論理とNATOの地政学的な枠組みとを受け入れる一方で、きわめて保守的な価値観、つまり

「キリスト教を主体とする伝統的なヨーロッパ」を強烈に推進するという新たな政治形態だ。今日、メローニをはじめとするナショナリズム型ポピュリズムの指導者たちは、この形態を旗印にしている。

イタリアの新政権はこの戦略に従い、ヨーロッパの諸機関との直接的な対立は避ける一方で、国内では、ハンガリーのオルバーン・ヴィクトルやポーランドの政党「法と正義」が好むような、非自由主義路線を採用している。

イタリアの首相メローニは、シチリア島沿岸部への移民船の接岸を阻止しながらも就任後初の外国訪問先として欧州委員会のあるブリュッセルを訪れ、現金取引への回帰を奨励しながらも緊縮財政を断行し、反ワクチン活動家に媚びを売りながらもコロナ対策を遂行するという、高度な離れ業をやってのけた。

こうした例は枚挙にいとまないが、大して驚くべきことではない。なぜなら、インターネット・プラットフォームの論理を政治に導入するというカオスの仕掛人たちの戦略は、相容れないものを相容れることで重力の法則を覆すことだからだ。ジョルジャ・メローニのデジタル広報部長がカサレッジオ・アソシアーティの元社員であるということも偶然ではない。本書で紹介したように、イタリアの政界に巻き起こったカオスにおいて、この会社は先駆的な役割を果たしてきた。

そのため、イタリアが再びポピュリズムのシリコンバレーとしての役割を担い、その国境を越えてテクノ主権主義の手法を輸出する可能性は否定できない。この手法によって、メローニはわずか四年で政界の周縁から権力の中枢にまで上り詰めたのだ。

二〇二二年のフランス大統領選のさなか、フランスの作家ラファエル・リョルカは、すでにマリーヌ・ルペンの路線修正を見抜いていた。リョルカによれば、ルペンは二〇一七年の大統領選キャンペーンで見せた攻撃的な態度を改め、国民に安心感を与える選挙キャンペーンへと切り替えていた。また、世論が「恐怖に対する疲れ」を感じていることを察知し、「ショックからソフト」への転換を図ったと指摘している。

なお、今後はドナルド・トランプの屑《トラッシュ》のようなナショナリズム型ポピュリズムに代わって、フロリダ州知事ロン・デサンティスや、政治トーク番組の司会者タッカー・カールソンのような人物が率いる、もっと組織的なポピュリズムの波が押し寄せると予想される。

いずれにせよ、バノンが語るように、「トランプはシステムの鎧を壊すのに必要なハンマーだった」ならば、トランプほど奇抜ではない人物が現われ、その後を引き継ぐことも、なんら不思議ではない。

こうしたリスクは、いっそう深刻である。なぜなら、穏健派はカオスの仕掛人たちの煽動的な戦術に対抗する効果的な解決策をまだ見出せていないからだ。

トランプ、サルヴィーニ、ボルソナロといった「カオスを利用する」指導者の第一波が失速した結果、バイデン、ドラギ、ルーラといった旧来型の政治・行政体制の代表者が権力の座に就いた。この勝利は、彼らが新たな波を引き起こしたというよりも、単に機械的な反発作用によるものだった。穏健派は、年配の指導者が推進する宥和戦略によって事態が鎮静化したことに安堵しているだけだった。

一方で、レンツィやマクロンなどの若手指導者たちは、穏健な政治プロジェクトを推進すべく果敢に挑戦した。彼らはポピュリズム的なコミュニケーション手法を部分的に採り入れ、怒りとアルゴリズムの結合が生み出すエネルギーを取り込み、それを穏健な方向に活用しようとした。これらの試みは依然として進行中であり、その結果はさまざまである。現時点では、これらの試みがナショナリズム型ポピュリストの引き起こすカオスに対する解毒剤となるのか、それとも世論にカオス的ポピュリズムをさらに蔓延させる陥穽となるのか、まだ明確にはわからない。確かなのは、政治コミュニケーションに関するカオスの仕掛人たちの挑戦が、単なる技術的な問題にとどまらないということだ。

これまで繰り返し指摘してきたように、本書の目的は、カオスの仕掛人たちが有権者の怒りをどのように政治的な武器へと変えているのかを記述することだ。そして、その怒りの根底には、きわめて現実的な原因が存在し、これらの原因には明らかに政治的な対応が必要だということを忘れてはならない。つまり、コミュニケーションの分野に限ったとしても、SNSの運用能力を向上させたり、投稿コンテンツにプラットフォームの管理責任を課す規制を設けたりするだけでは、カオスの仕掛人たちの攻勢に対抗できない。

カオスの仕掛人たちが練り上げるメッセージは、われわれの社会に渦巻く不安や喪失感といった強い感情を呼び起こす。二〇一九年秋にコペンハーゲンで開催されたシンクタンク「グローバル・プログレス」主催のセミナーにおいて、オランダの政治戦略アドバイザーであるハンス・アンカーは、リベラルな進歩主義者が大衆から奪おうとしているものを列挙した。

以下が、そのリストだ。

「暖炉、ディーゼル車、男性用トイレ、女性用トイレ、ディスコでの大音量の音楽、学校での人工甘味料入りの炭酸飲料の販売機、復活祭での焚火、クリスマスツリー、ステーキ、卑猥な冗談、ベルギー人をからかう冗談、タバコ、国境、子供用のカウボーイの衣装、子供用のインディアンの衣装、飛行機を利用する旅行、塩、復活祭の卵、花火、サンタクロース、ファストフード、電球、蛍光灯、ハロゲンランプ、闘鶏、バーベキュー、床暖房、金魚鉢、女性の人形、男性の人形、砂糖、白パン、糖質、フォアグラ、高速道路を時速一三〇キロメートルで飛ばす権利、野生動物に対する餌づけ、祭り用の風船、さらに多くのもの、もっとずっと多くのもの……」

この奇妙なリストはまだ延々と続けることが可能であり、リベラル派によって社会の隅々まで書き変えられてしまうのではないかという危惧を煽る。

カオスの仕掛人たちから逃れる唯一の方法は、明るい未来を描き出し、恐怖を願望に置き換え、後ろ向き《ネガティブ》ではなく前向き《ポジティブ》な物語を語ることだ。だが、周囲を見渡すと、後ろ向きな物語のほうが圧倒的に多い。

これは一時的な現象でもなければ、政治だけの問題でもない。どの分野でも同様だ。たとえば、メディアでは、よいニュースよりも悪いニュースのほうが幅を利かせている。映画やテレビ番組では、楽観的な筋書きの物語よりもディストピアや災禍を描く作品が主流だ。それは周期的な現象ではなく、むしろ構造的な特徴だ。人類は数千年にわたり、死の危険が至るところに潜む世界で暮らしてきた。そのような環境では、脅威に対して過剰に反応しなければ生き残ることができなかった。

だからこそ今日においても、われわれは前向きな見方を退け、悪いニュースや悲観的な物語に自然と引き寄せられる。

ネガティブな物語はわれわれの注意を引きやすく、脳の扁桃体を刺激し、「闘う」か「逃げる」かを促す。変化を求める真の欲求を生み出すには、後ろ向きから前向きへの視点の移行が必要だが、この移行にともなって、ほとんどの場合、エネルギーは低下する。書店、映画館、ツイッター、政治会議など、あらゆる場面で、ディストピア的な見方やネガティブな物語は楽観主義を凌駕する。ポジティブな議論をしようとする者は、往々にして、人びとの礼節ある無関心に直面する。

前向きのメッセージや物語を生み出すことそのものは難しくない。難しいのは、それらが人びとの関心を引きつけ、さらには人びとを行動に駆り立てるだけのエネルギーをそなえているかどうかだ。今日、デジタルメディアの有害な力学が、こうした試みをより難しくしているのは間違いない。しかしながら、この試み自体は今に始まった話ではない。

マキャヴェッリが看破したように、いつの時代においても、新たな秩序を導入しようとする者は、偏見や不安を煽るだけで満足する者と比べて、出発時点で大きなハンディキャップを背負うことになる。だが、どの時代においても（狼煙にはじまり今日のメディアに至るまで）、指導者や運動家は、この障害を克服する方法を見出してきた。

だからこそ、「政治家を志望する者は、歴史よりも物理学を学ぶべき」というカオスの仕掛人の主張は誤りなのだ。もし、ドミニク・カミングスがもう少し歴史を学んでいたのなら、彼はまだイギリス首相官邸にとどまっていただろう。

デジタル技術とビッグデータによって、世界はより合理的で予測可能になると喧伝されてきたが、実際には正反対の現在だった。そこは、フランスの哲学者アンリ・ベルクソンによる古《いにしえ》の箴言が今もなお当てはまる、かつてと変わらぬ、混沌とした旧世界だ。

「政治的過りが十あるとすれば、そのうちの九つまでが、もはや真実ではないことを、相変わらず素朴に真実だと思い込むことに帰因している。しかし十番目の誤り、それがもっとも重大な誤りであるかもしれないのだが、それは今なお真実であるものをもはや真実ではないと思い込む錯誤である」〔アンリ・ベルクソン著『思考と動くもの』竹内信夫訳、白水社、二〇一七年より〕

訳者あとがき

民主主義のカオスを見極める

まずは著者の略歴から紹介しよう。ジュリアーノ・ダ・エンポリ（Giuliano da Empoli）は、一九七三年、イタリア人の父親とスイス人の母親とのあいだにパリで生まれた。ローマ・ラ・サピエンツァ大学を卒業し、パリ政治学院にて政治学の修士号を取得。フィレンツェ市の副市長を務め、イタリア首相のアドバイザーに就任した後、現在はパリ政治学院にて教鞭をとっている。

二〇二三年三月にフランスはガリマール社のフォリオ文庫から刊行された本書 *Les ingénieurs du chaos* は、単行本版に「あとがき」を加筆した増補版の全訳である。一〇か国以上で翻訳出版された本書は、欧州議会選、フランス国民議会選、アメリカ大統領選など、大きな選挙があるたびに、世界各国でベストセラーになっている。単行本としての初版が二〇一九年であることを考えると、ダ・エンポリの時代の潮流を見抜く洞察力には恐れ入る。ちなみに、ロシアによるウクライナ侵攻の一年前に執筆した小説『クレムリンの魔術師』（林昌宏訳、白水社、二〇二二。ジュード・ロウ主演で映画化決定）でも、ダ・エンポリはこの戦争の勃発を見事に予想していた。

二〇二四年一〇月、こうした現象に警鐘を鳴らすため、朝日新聞は本書の著者ジュリアーノ・ダ・エンポリを「朝日地球会議2024」に招聘した。ダ・エンポリは民意がもたらす統合と分断について『GLOBE＋』副編集長の渡辺志帆と熱く語り合った（オンライン対談）。すばらしい企画ではあるものの、インテリ左派最大のプラットフォームである朝日新聞がポピュリズムの跋扈に注意を促しても、この警鐘を耳にするのは朝日新聞の読者が中心だ。新聞が形作る「公共空間」を覗き見るのはごく一部の国民であって、もはや大衆ではない。

今日、通勤電車内で紙の新聞を読んでいる人は少数派であり、ほとんどの人が自分のスマホを眺めている。そこに映し出されているのは、アルゴリズムによって利用者ごとに個別化された情報だ。これらの情報の多くは、プロのジャーナリストたちが発信する大手メディアのものとは異なる。大きな偏向《バイアス》が訴求力を持つ傾向にあるのだ。ＳＮＳのプラットフォームは広告収入を得るために閲覧者の滞在時間を少しでも引き延ばそうと工夫を凝らしている。よって、目につくのは、穏当な意見よりも感情に訴える過激な意見だ。本書でも紹介されているこうしたお馴染みのからくりにより、中道基盤は浸食され、極端《エクストリーム》な政治思想が追い風を得ている。この原理を利用するのが「ポピュリズムの仕掛人」たちだ。

本書の原題 *Les ingénieurs du chaos* の直訳は「混沌《カオス》の技師《エンジニア》たち」（本文では「カオスの仕掛人たち」と訳出）。ＳＮＳという装置《マシーン》で大衆が煽動される世界に、著者は、民主主義のカオスを見極める「量子政治学」を唱える。日本語版書名に『ポピュリズムの仕掛人――ＳＮＳで選挙はどのように操られているか』を採用した所以である。

選挙の「食べログ」化

二〇二四年は、日本でも選挙戦においてＳＮＳが最大の武器であることが明白になった。

東京都知事選での石丸伸二の健闘、そして衆院選での国民民主党の躍進に次ぎ、一一月に行なわれた兵庫知事選では、「前知事は既得権益層と戦った改革者」という単純な二項対立の善悪物語や、「有力対立候補は外国人参政権を推進する」という誤った情報がSNSで拡散した結果、県議会から不信任を決議された前知事の斎藤元彦が当選した。NHKの投票日出口調査によると、投票で参考にしたのは、SNSが三〇%、新聞が二四%、テレビが二四%、知人・家族が五%、その他が一七%であり、SNSと回答した者のうちの七〇%が前知事に投票したという。この結果を受け、オールド・メディアの新聞やテレビは口を揃えて「公平性や中立性を担保しながら報道するので、必要な情報を確実に届けることができなかった。多くの有権者はSNSに情報を求めた」(FNNプライムオンラインより)と振り返っている。

選挙においても、自身の意見を大衆の口コミによって決めるグルメ・レビューサイトである「食べログ」化が進行している。この仕組みこそが、本書で紹介されているカサレッジオ父の夢だったのではないか。大衆は一家言を持つ料理研究家やグルメ評論家のレビューよりも(身内投稿が混じっているとしても)素人の食レポを信頼し、飲食店側も(掲載費が発生しても)効果的な集客手段と見なしている。だからこそ、このグルメ・レビューサイトは短期間で急成長を遂げたのだろう。しかしながら、このサイトが利用する店舗の採点や表示順位を決めるアルゴリズムの仕組みは不透明であり、採点をめぐって訴訟沙汰にもなったのはご存じの通りだ。

偏向するSNS

民主主義の代表者の選択においても、このような仕組みは適用可能だろうか。

二〇二四年一一月二〇日付の『ニューヨーク・タイムズ』紙に掲載されたシェーラ・フレンケルの記事 The left is out in the cold as social media veers conservative（「右派寄りになるSNS、取り残される左派」）によると、トランプ勝利の一因は、SNSが右派の投稿に偏向した結果だという。

フェイスブックやインスタグラムを所有するメタのマーク・ザッカーバーグが政治に距離を置く方針を打ち出した一方で、トランプの応援団長を務めるイーロン・マスクが所有するX（旧ツイッター）は、トランプの主張を喧伝した。X以外にも、右派には《ギャブ》や《パーラー》など、右派の投稿を中心に取り上げるプラットフォームがあるが、左派にそうしたSNS空間はないという。政治に中立を装うフェイスブックにおいても、露出度ではトランプがハリスを圧倒した。そして右派のプラットフォームと化したXでは、トランプの投稿への「いいね！」の数はハリスの三倍以上だった。大統領選の得票と比較すると、この差はかなりの歪みだ。

大統領選後、イギリスの左派系高級紙『ガーディアン』は、そうした偏向を重く見たようだ。Xについて「マスクは自身の政治的言説の流布に利用している」ことに加え、「極右の陰謀論や人種差別などの不穏なコンテンツがしばしば見られる」と指摘し、Xを有害なプラットフォームと断じ、自社のX公式アカウントでの投稿を停止すると発表した。

たしかに、Xになってからというものスマホの画面には広告が増え、フォローもしていないのにイーロン・マスクや極右活動家の投稿を頻繁に目にするようになった。極右は論理よりも直感や情緒に訴える戦術をとるため、わかりやすさをモットーにするSNSと親和性があるようだ。もちろん、左派の投稿も散見できるが、それらの投稿にも過激な内容のものが多い。ようするに、XなどのSNSは中道を切り崩し、社会の分断を加速させている。

そして、断片化した極端をつなぎ合わせるのが「ポピュリズムの仕掛人」たちだ。

「偏向しているのはオールド・メディアも同じ」という反論もあるだろう。そうはいっても、ＮＨＫや新聞の報道は、プロのジャーナリストが事実を確認したうえで最低限の公平性が担保されている。繰り返しになるが、問題は選挙の際に多くの有権者がオールド・メディアではなくＳＮＳを参考にするようになったことだ。速報力があり、主張が単純明快でわかりやすく、しかも連射可能で無料のＳＮＳにオールド・メディアが対抗するのは至難の業だろう。

現在のところ、オールド・メディアは、ＳＮＳの併用や、複数の専門家による両論併記、さらにはＳＮＳ上における舌戦の分析などで対抗するが、このままではさらなる後退を強いられるに違いない。

オールド・メディアの大衆におよぼす投票先への影響力は、ファクトチェックを強化して真実性、正確性、公平性を担保すればするほど、皮肉にも弱まっている。というのも、ＳＮＳ時代の選挙においては「注目度がすべて」だからだ。

政治リテラシー

選挙の「食べログ」化により、一人でも多くの国民の積極的な参加を促す「民主主義の深化」につながればよいのだが、振り子の針が左右に大きく振れるだけに終わる公算が大きいのではないか。

本書で紹介されているハンガリーの例からもわかる通り、多数決による決定という振り子の針先が、基本的人権などの普遍的な価値観を切り裂く恐れがある。結局のところ、この過程で割を食うのは、われわれ大衆である。当たり前の結論として、国民全員の政治リテラシーを底上げするしか方法はない。

だが、「教えてやる」という上から目線では効果がないだろう。国民一人一人が自分自身で納得しない限り、各人の政治リテラシーが高まることはない。さらには、この取り組みには高度な常識を身につけると同時に、幅広い情報収集という手間がかかる。はたして、多忙な現代人にそのような余裕はあるのだろうか。

東北大学大学院准教授の河村和徳は、「リテラシーを高めるトレーニングが必要」としたうえで、「もし、《ネット情報を信じて投票したが、当選したら期待と違った》となれば、次の選挙で当選させないような投票行動を取ればいい」〔一一月二二日付『中日新聞』一面に掲載された「SNSの影響力拡大」より〕と説く。これは、国民を政治の消費者とみなす「消費者型民主主義」だろう。だが、多数決に基づく「民主主義の暴走」という事例には枚挙にいとまがない。イスラエルやハンガリーだけでなくすべての民主主義国において、多数決という民主主義が歴史認識を歪めたり、科学的事実を否定したり、人類の普遍的な価値を毀損したりする恐れがある。そうなってからでは後の祭りだ。

日本においても「ポピュリズムの仕掛人」たちが勧善懲悪な物語を構築し、専門家や既得権者を嘲笑《あざわら》うカーニバルを催そうとしている。その中央舞台はSNSだ。ネット空間では、カーニバルが一気に盛り上がる条件が揃っている。本書が日本人読者の政治リテラシーを養う一助になれば幸いである。

最後に、本書の編集を担当してくれた和久田賴男氏に感謝している。一〇月に朝日新聞本社で行なわれた著者の「朝日地球会議２０２４」の対談収録にともに参加したのはよい思い出だ。

二〇二五年　元旦

林　昌宏

著者略歴

ジュリアーノ・ダ・エンポリ[Giuliano da Empoli]
1973年、イタリア人の父親とスイス人の母親との間にパリで生まれる。ローマ・ラ・サピエンツァ大学を卒業し、パリ政治学院にて政治学で修士号を取得。フィレンツェ市の副市長、そしてイタリア首相のアドバイザーを務めた後、現在はパリ政治学院にて教鞭をとる。

訳者略歴

林昌宏[はやし・まさひろ]
1965年名古屋市生まれ。翻訳家。立命館大学経済学部卒業。訳書にジュリアーノ・ダ・エンポリ『クレムリンの魔術師』、ダニエル・コーエン『AI時代の感性——デジタル消費社会の「人類学」』、ブリュノ・パティノ『スマホ・デトックスの時代——「金魚」をすくうデジタル文明論』（以上、白水社）、ジャック・アタリ『世界の取扱説明書』（プレジデント社）、シルヴァン・シペル『イスラエルVS.ユダヤ人』（明石書店）他多数。

ポピュリズムの仕掛人
——SNSで選挙はどのように操られているか

2025年 3 月10日 第1刷 発行
2025年 8 月20日 第4刷 発行

著　者　ジュリアーノ・ダ・エンポリ
訳　者©　林昌宏
発行者　岩堀雅己
発行所　株式会社白水社
電話　03-3291-7811（営業部）7821（編集部）
住所　〒101-0052 東京都千代田区神田小川町3-24
www.hakusuisha.co.jp
振替　00190-5-33228
編集　和久田頼男（白水社）
装丁　緒方修一
印刷　株式会社三陽社
製本　加瀬製本
乱丁・落丁本は送料小社負担にてお取り替えいたします。

ISBN978-4-560-09158-6

Printed in Japan

［人名索引］

ア

エレディタート、アントニオ［Antonio Ereditato, 1955–］ 147, 149–151, 155, 179 / 09
オバマ、バラク［Barack Hussein Obama II, 1961–］ 91–94, 96, 101, 109, 154, 176 / 06, 08
オルバーン、ヴィクトル［Orbán Viktor, 1963–］ 15, 27, 31, 82, 87, 120, 121, 126–134, 136, 165, 188 / 07

カ

カールソン、タッカー［Tucker Swanson McNear Carlson, 1969–］ 189
カサレッジオ、ジャンロベルト［Gianroberto Casaleggio, 1954–2016］ 14, 15, 37–59, 72, 136, 171, 188, 197 / 09
カサレッジオ、ダヴィデ［Davide Casaleggio, 1976–］ 45–47, 54, 56, 57, 59, 83, 171 / 09
カミングス、ドミニク［Dominic Mckenzie Cummings, 1971–］ 15, 137, 138, 144–146, 153, 154, 174, 175, 192 / 03
キャメロン、デイヴィッド［David William Donald Cameron, 1966–］ 19, 69, 166
グリッロ、ベッペ［Beppe Grillo, 1948–］ 14, 29, 37–55, 57, 136, 161 / 04
クリントン、ヒラリー［Hillary Diane Rodham Clinton 1947–］ 25, 69, 70, 85, 100–103, 107, 111, 115, 116, 155, 156, 166 / 07
クリントン、ビル［William Jefferson Clinton, 1946–］ 25, 99–102, 111, 156, 166
コンテ、ジョセッペ［Giuseppe Conte, 1964–］ 10–12, 16, 57, 171

サ

ザッカーバーグ、マーク［Mark Elliot Zuckerberg, 1984–］ 72, 74, 155, 158, 178, 198
サルヴィーニ、マッテオ［Matteo Salvini, 1973–］ 11, 12, 24, 29, 31–33, 70, 83–85, 137, 138, 150, 162, 165, 166, 179, 189
サンダース、バーニー［Bernard Sanders, 1941–］ 28, 102, 156
ジョンソン、ボリス［Alexander Boris de Pfeffel Johnson, 1964–］ 14, 175
ストーン、ロジャー［Roger Joseph Stone Jr., 1952–］ 123
スローターダイク、ペーター［Peter Sloterdijk, 1947–］ 67, 68, 81
ソロス、ジョージ［George Soros, 1930–］ 27, 74, 134

タ

タレブ、ナシム・ニコラス［Nassim Nicholas Taleb, 1960–］ 162

チャーチル、ウィンストン［Sir Winston Leonard Spencer Churchill, 1874–1965］ 28 / 04
ディマイオ、ルイジ［Luigi Di Maio, 1986–］ 11, 24, 54, 57, 150
デサンティス、ロン［Ronald Dion DeSantis, 1978–］ 189
トランプ、ドナルド［Donald John Trump, 1946–］ 14–17, 23, 25, 28, 67, 69, 70, 84, 85, 87, 92–95, 102, 106, 107, 109–116, 123, 134, 138, 145, 146, 155–157, 161, 163–166, 172, 179, 181–183, 189, 197, 198 / 06, 08

ナ

ネタニヤフ、ベンヤミン［Benjamin Netanyahu, 1949–］ 124, 125

ハ

バノン、スティーブ［Stephen Kevin Bannon, 1955–］ 15, 24–28, 31, 32, 72, 95–97, 100–104, 106, 107, 114–116, 186, 189 / 04, 06, 07, 09
ファラージ、ナイジェル［Nigel Paul Farage, 1964–］ 27, 86, 161
フィンケルスタイン、アーサー［Norman Gary Finkelstein, 1953–］ 15, 82, 120–126, 129–131 / 06
ブッシュ、ジョージ［George Walker Bush, 1946–］ 97, 111, 123, 166
ブライトバート、アンドリュー［Andrew James Breitbart, 1969–2012］ 25, 97–103, 106, 107, 116 / 07
プローディ、ロマーノ［Romano Prodi, 1939–］ 41, 44
ベルルスコーニ、シルヴィオ［Silvio Berlusconi, 1936–2023］ 30, 41, 50
ボルソナロ、ジャイル［Jair Messias Bolsonaro, 1955–］ 14, 78, 86, 166, 183, 185, 189 / 06

マ

マクロン、エマニュエル［Emmanuel Jean-Michel Frédéric Macron, 1977–］ 31, 81, 84, 139, 190
マケイン、ジョン［John Sidney McCain III, 1936–2018］ 109, 110
マナフォート、ポール［Paul John Manafort Jr., 1949–］ 123
メランション、ジャン゠リュック［Jean-Luc Mélenchon, 1951–］ 139
メルケル、アンゲラ［Angela Dorothea Merkel, 1954–］ 31, 84, 85
メローニ、ジョルジャ［Giorgia Meloni, 1977–］ 187, 188
モンティ、マリオ［Mario Monti, 1943–］ 30, 50

ヤ

ヤノプルス、マイロ［Milo Yiannopoulos, 1984–］ 15, 18, 105–109, 113, 114 / 03, 06

ラ

ルペン、マリーヌ［Marion Anne Perrine “Marine” Le Pen, 1968–］ 26, 31, 70, 139, 189 / 09
ローズベルト、フランクリン・デラノ［Franklin Delano Roosevelt, 1882–1945］ 176 / 09

［参考資料］

はじめに

- ❖ ゲーテの引用は、すべて次の文献に基づく。Johann Wolfgang von Goethe, *Voyage en Italie (1786-1788)*, Milan, Rizzoli, 2007.
- ❖ カーニバル的なスタイルの基本的な特徴を再構築するために。Mikhaïl Bakhtine, *L'œuvre de François Rabelais et la culture populaire au Moyen Âge et sous la Renaissance*, Paris, Gallimard, 1982.
- ❖ ポピュリズムのカーニバル的な読み解きのために。David Brooks, « The Lord of Misrule »（『ニューヨーク・タイムズ』紙、2017年1月17日付）; Elizaveta Gaufman, « The Trump Carnival : Popular Appeal in the Age of Misin formation », in *International Relations*, I-20, 2018.
- ❖ 『フィナンシャル・タイムズ』紙からの引用は « Rome Opens Its Gates to the Modern Barbarians », (2018年5月14日付、無署名社説).
- ❖ ドミニク・カミングスの引用は、そのブログ（https://dominiccummings.com）より。
- ❖ マイロ・ヤノプルスの引用は、その動画 « The Politics of Halloween »（https://www.youtube.com/watch?v=e_muE9faO_g）より。
- ❖ メンシウス・モールドバグの引用はJaron Lanier, *Ten Arguments For Deleting Your Social Media Accounts Right Now*（Londres, The Bodley Head, 2018）より。
- ❖ デジタルポピュリズムについては、Francis Brochet, *Démocratie smartphone : le populisme numérique, de Trump à Macron*（Paris, François Bourin, 2017）、Alessandro Dal Lago, *Populismo digitale : la crisi, la rete e la nuova destra*（Milan, Raffaello Cortina, 2017）、Massimiliano Panarari, *Uno non vale uno : democrazia diretta e altri miti d'oggi*（Venise, Marsilio, 2018）。
- ❖ ジョージ・オズボーンの書籍は*The Age of Unreason*（Londres, William Collins, 2019）。

第1章　ポピュリズムのシリコンバレー

- ❖ スティーブ・バノンとのインタビュー完全版は、*Il Foglio*（2018年10月1日号）の« Il diavolo veste Bannon »。
- ❖ スティーブ・バノンの経歴を詳細に再構築するために。Joshua Green, *Devil's Bargain. Steve Bannon, Donald Trump and the Nationalist Uprising*, New York, Penguin Press, 2017.
- ❖ エンニオ・フライアーノの短篇小説は *Un marziano a Roma,* in *Diario notturno*(Milan, Adelphi, 1994)。
- ❖ マーク・リラの引用はMark Lilla, *The Shipwrecked Mind : On Political Reaction*(New York, New York Review of Books, 2016)より。
- ❖ ウィンストン・チャーチルの引用は『タイムズ』1927年1月21日付より。
- ❖ フランチェスコ・サヴェリオ・ボレッリの引用はGiovanni Orsina, *La democrazia del narcisismo. Breve storia dell'antipolitica*(Venise, Marsilio, 2018, p. 151)より。
- ❖ イタリアを現代政治の実験室として分析するために。Ilvo Diamanti et Marc Lazar, *Popolocrazia : la metamorfosi delle nostre democrazie*, Bari, Laterza, 2018.

第2章　政治版ネットフリックス

- ❖ ベッペ・グリッロとジャンロベルト・カサレッジオの最初の出会いの記述は 、ベッペ・グリッロ序文の Gianroberto Casaleggio, *Web Ergo Sum*(Milan, Sperling & Kupfer, 2004)より。
- ❖ 筆者による「五つ星運動」についての既刊に *La rabbia e l'algoritmo : il grillismo preso sul serio*(Venise, Marsilio, 2017)がある。
- ❖ 「五つ星運動」についての他の分析。Obsolete Capitalism (édité par), *Nascita del populismo digitale. Masse, potere e postdemocrazia nel XXI secolo*, Obsolete Capitalism Free Press, 2014 ; Giuliano Santoro, *Breaking Beppe. Dal Grillo qualunque alla Guerra civile simulata*, Rome, Lit Edizioni, 2014 ; Federico Mello, *Un altro blog è possibile. Democrazia e internet ai tempi di Beppe Grillo*, Reggio Emilia, Imprimatur, 2014 ; Jacopo Iacoboni, *L'esperimento. Inchiesta sul Movimento 5 Stelle*, Bari, Laterza, 2018. Presque toutes les citations de Grillo et de Casaleggio présentes dans l'ouvrage sont extraites de ces textes, mais aussi du blog www.beppegrillo.it et de Nicola Biondo et Marco Canestrari, *Supernova*, Milan, Salani, 2018.
- ❖ ダヴィデ・カサレッジオの著書として挙げられているのは、*Tu Sei Rete. La rivoluzione del business, del marketing e della politica attraverso le reti sociali*(Milan, Casaleggio Associati, 2012)。
- ❖ 「五つ星運動」とネットフリックスの類似性に関する記述は 、日刊紙『コリエーレ・デラ・セラ』(2017年4月3日付)に掲載されたダヴィデ・カサレッジオへのインタビューにある。

第3章　地球を征服するウォルドー

- ❖ 怒りについての論考。Peter Sloterdijk, *Colère et temps*, Paris, Libella-Maren Sell, 2007.
- ❖ 懲罰的スローガンは、サイモン・クーパーが『フィナンシャル・タイムズ』紙(2017年3月25日-26日)掲載の« Populists and the Glee of Punishment »で言及している。
- ❖ ジョナサン・フランゼンの引用はFrancesco Pacifico, « Jonathan Franzen racconta Donald Trump »(*IL – Idee e Lifestyle del Sole 24 Ore*, 9 mars 2017)より。
- ❖ 新しいテクノロジーに結びつくエリートへの反感について。Thomas M. Nichols, *The End of Expertise : The Campaign against Established Knowledge and Why It Matters*, New York, Oxford University Press, 2017.
- ❖ 新しいテクノロジーに結びつく焦燥感について。Gilles Finchelstein, *La dictature de l'urgence*, Paris, Fayard, 2011.
- ❖ ショーン・パーカーの引用はJaron Lanierの前掲書より。
- ❖ スマートフォン依存のデータは Jean Abbiateci, « Mon smartphone, mon obsession », in *Le Temps*, (2017年12月12日)より。
- ❖ 怒りの精神分析的読解のために。Daniel Marcelli, *Avoir la rage. Du besoin de créer à l'envie de détruire*. Paris, Albin Michel, 2016.
- ❖ シモーネ・レンツィの自伝的小説。*In esilio*, Milan, Rizzoli, 2018.
- ❖ MITによるフェイクニュースの拡散速度研究。Soroush Vosoughi, Deb Roy et Sinan Aral, « The Spread of True and False News Online », in *Science*, 9 mars, 2018.
- ❖ ジャロン・ラニアーの引用は、Jaron Lanier, *Dawn of the New Everything : Encounters with Reality and Virtual Reality*(New York, Henry Holt & Co., 2017)より。
- ❖ フェイスブックと世界中の暴力の関係。Evan Osnos, « Ghost in the Machine »(『ニューヨーカー』2018年9月17日号)。
- ❖ マルティン・フックスの引用は、Jörg Diel, Roman Lehberger, Ann-Katrin Müller et Philipp Kollenbroich, « How the German Right Wing Dominates Social Media »(シュピーゲル・オンライン、2019年4月29日)[https://www.spiegel.de/international/germany/germany-afd-populists-dominate-on-facebook-a-1264933.html]より。
- ❖ カタルーニャ独立運動のポピュリスト的な進化について。Astrid Barrio, Oscar Barberà, Juan Rodríguez-Teruel, « "Spain steals from us !" The "populist drift" of Catalan Regionalism », *Comparative European Politics*(2018年11月) vol. 16, n° 6[https://link.springer.com/article/10.1057%2Fs41295-018-0140-3].
- ❖ ジュリアン・アサンジのカタルーニャ独立派支援について。Ryan Broderick, « Julian Assange Told Young Catalans What Chat Apps To Use To Avoid Spanish Authorities »(バズフィード・ニュース、2017年10月8日)[https://www.buzzfeednews.com/article/ryanhatesthis/the-story-of-the-catalan-independence-vote-in-spain-for-now).
- ❖ フェイスブックと「黄色いベスト運動」の関係。Vincent Glad, « Dans le combat final des Gilets jaunes, Jupiter va affronter des modérateurs Facebook(『リベラシオン』、2018年11月30日);

Olivier Ertzscheid, « Les gilets jaunes et la plateforme bleue（アフォーダンス・アンフォ、2018年11月19日）［https://www.affordance.info/mon_weblog/2018/11/gilets-jaunes-facebook-bleu.html］.

❖ マリリン・マエゾの引用は*Les conspirateurs du silence*(Paris, Éd. de l'Observatoire, 2018)より。ソーシャルメディアの力学に関する哲学的考察のために。Raphaël Enthoven, *Little Brother*, Paris, Gallimard, 2017.

❖ アーサー・フィンケルスタインの引用は2011年5月16日のプラハのチェヴロ研究所での講演動画［https://www.youtube.com/watch?v=IfCBpCBOECU］より。

❖ 「同盟」によるデジタルプロパガンダの仕組みを説明するために。Steven Forti, « La bestia, ovvero del come funziona la propaganda di Salvini », in *Rolling Stone*, 11 juillet 2018.

❖ ルカ・モリシの引用はBruno Vespa, *Rivoluzione. Uomini e retroscena della Terza Repubblica*(Milan, Mondadori, 2018)および*You Trend* : « A tu per tu con lo spin doctor Luca Morisi », 2018年10月11日）［https://www.youtrend.it/2018/10/11/a-tu-per-tu-con-lo-spin-doctor-luca-morisi-intervista/］より。

❖ ドイツのAfDのデジタルキャンペーンについて。Vernon Silver, « The German Far Right Gets American Aid »(『ブルームバーグ・ビジネスウィーク』、2017年10月2日).

❖ ブラジルのジャイル・ボルソナロのデジタルキャンペーンについて。Ryan Broderick, « Everything You Need to Know About Jair Bolsonaro, The Donald Trump of Brazil »(『バズフィード』、2018年10月8日）［ https://www.buzzfeednews.com/article/ryanhatesthis/meet-jair-bolsonaro-the-evangelical-far-right-anti-gay］.

❖ アンディ・ウィグモアの引用はTim Shipman, *All Out War : The Full Story of Brexit*(Londres, William Collins, 2017)より。

❖ 電気とアルゴリズムの類似性。Paul Vacca, « Les algorithmes de la colère »,(*Trends-Tendances*、2018年4月5日).

第4章 「荒らし《トロール》」の親玉

❖ オバマが当選した夜のGoogle検索や「ストームフロント」への加入データは、Seth Stephen-Davidowitz, *Everybody Lies : Big Data, New Data, and What the Internet Can Tell Us About Who We Really Are*, New York, Harper Collins, 2017〔セス・スティーヴンズ＝ダヴィドウィッツ著『誰もが嘘をついている――ビッグデータ分析が暴く人間のヤバい本性』酒井泰介訳、光文社、2018年〕より。

❖ ドナルド・トランプの選挙キャンペーンの独自で洞察的な再構築のために。Matt Taibbi, *Insane Clown President. Dispatches from the 2016 Circus*, New York, Spiegel & Grau, 2017.

❖ スティーブ・バノン、マイロ・ヤノプルス、ゲーマーとの関係いついて。Joshua Green, *op. cit.* ; Martin Moore, *Democracy Hacked : Political Turmoil and Information Warfare in the Digital Age*, London, Oneworld, 2018. バノンとヤノプルスに関する多くの引用もこの2つのテキストから採取された。.

❖ アンドリュー・ブライトバートの引用は*Accuracy in Media*(2011年5月5日付)のインタビュー[https://www.aim.org/podcast/take-aim-andrew-breitbart/]より。彼の著書は*Righteous Indignation : Excuse Me While I Save the World*(New York, Grand Central Publishing, 2011)。

❖ バノンが資金提供したクリントン関連調査は Peter Schweizer, *Clinton Cash : The Untold Story of How and Why Foreign Governments and Businesses Helped Make Bill and Hillary Rich*(New York, Harper, 2015)。

❖ 越境の右派化について。Franco Berardi dit « Bifo », *Futurabilità*, Rome, Nero, 2018.

❖ リアリティショーのプロデューサーの引用は Seth Grossman, « Donald Trump, Our Reality TV Candidate »(『ニューヨーク・タイムズ』紙、2015年9月27日付)。

❖ リアリティショーにおける本物らしさの崇拝については、Susan Murray et Laurie Ouellette (dir.), *Reality TV. Remaking Television Culture*(New York, New York University Press, 2004)。

第5章 ブダペストの奇妙なカップル

❖ ヴィクトル・オルバーンに関する主要な伝記は、Paul Lendvai, *Orbán : Hungary's Strongman*(Oxford, Oxford University Press, 2016)。

❖ ヴィクトル・オルバーンの引用は、以下の公式演説およびインタビューより抜粋。『ブルームバーグ・ニュース』(2014年12月15日)[https://www.bloomberg.com/news/articles/2014-12-15/hungary-on-path-to-shed-junk-grade-and-shield-forint-orban-says] および*Politico* (2015年11月23日)[https://www.politico.eu/article/viktor-orban-interview-terrorists-migrants-eu-russia-putin-borders-schengen/]。

❖ 移民に対するキャンペーンの詳細な再構築のために。Daniel Howden, « The Manufacture of Hatred : Scapegoating Refugees in Central Europe »(*Refugees Deeply*、2016年12月14日)[https://www.newsdeeply.com/refugees/articles/2016/12/14/the-manufacture-of-hatred-scapegoating-refugees-in-central-europe].

❖ 東欧の変化に関する鋭い分析。Ivan Krastev, « Explaining Eastern Europe : Imitation and Its Discontents »(*Journal of Democracy*、2018年7月).

❖ 「五つ星運動の」行動指針に関する記述。Nicola Biondo et Marco Canestrari, *op. cit.*

❖ ドイツの「ドイツのための選択肢(AFD)」の有権者の社会学的分析。Patrick Moreau, *Alternative für Deutschland : établissement électoral, de la création en 2013 aux élections régionales de Hesse d'octobre 2018*, Paris, Fondation pour l'innovation politique, 2018.

❖ フランスにおける極端主義の融合に関する分析について。Dominique Nora, « Fâchés et fachos », (*L'Obs*、2018年11月15日号).

第6章　物理学者たち

- ❖ フリードリヒ・デュレンマットの戯曲は*I fisici*, Turin, Einaudi, 1985（『物理学者たち』［1962］山本佳樹訳,『デュレンマット戯曲集第二巻』所収、鳥影社、2013年）。
- ❖ オーギュスト・コントの引用は*La Science sociale*（Paris, Gallimard, 1972）。
- ❖ 生命産業に関する考察。Éric Sadin, *La siliconisation du monde*, Paris, Éditions L'Échappée, 2016.
- ❖ トゥキュディデスの引用はLuciano Canfora, *La natura del potere*（Bari, Laterza, 2009）。
- ❖ ブレグジット推進キャンペーンにおけるデータ活用の分析について。Tim Shipman, *op. cit.*
- ❖ バラク・オバマ再選キャンペーンに関する分析についてはSasha Issenberg, *The Victory Lab : The Secret Science of Winning Campaigns.* また、ビッグデータを「政治的顕微鏡」として捉えた研究は Zeynep Tufekci, « Engineering the public : Big Data, Surveillance and Computational Politics »（*First Monday*, vol. 19, n° 7, 7 juillet 2014）。
- ❖ トランプの選挙キャンペーンにおけるデータ活用について。Joshua Green et Sasha Issenberg, « Inside the Trump Bunker with 12 Days to Go »（『ブルームバーグ・ビジネスウィーク』、2016年10月27日）; Sue Halpern, « How He Used Facebook to Win »（『ニューヨーク・レビュー・オブ・ブックス』、2017年6月8日）.
- ❖ ソフトウェア化する選挙キャンペーンについて。Jamie Bartlett, *The People vs. Tech : How the Internet Is Killing Democracy*, Londres, Ebury, 2018.
- ❖ ミシェル・フーコーが群衆の消滅を予言した文献は *Surveiller et punir* (Paris, Gallimard, 1975)〔『監獄の誕生　監視と処罰』田村俶訳、新潮社、1977年〕.
- ❖ 遠心的な政治について。Peter Pomerantsev, « Pop-Up People », in *Granta Magazine*（2017年8月15日）; Peter Pomerantsev, « The Mirage of Populism », in *The American Interest*（2017年12月22日）.
- ❖ 過激主義の新しい経済について。Nick Cohen, « Tommy Robinson and the Rise of the New Extremists », in *The Spectator*（2018年6月7日）.
- ❖ 「検察官」のような政治指導者について。Christian Salmon, *La cérémonie cannibale : de la performance politique*, Paris, Fayard, 2013.
- ❖ ワイマール共和国に関するピーター・ゲイの著作は*Weimar Culture : The Outsider As Insider*（New York, Norton, 2013）。
- ❖ ナシーム・ニコラス・タレブの引用は、彼の書物*Skin In the Game : Hidden Asymmetries in Daily Life*（New York, Random House, 2018）より。
- ❖ トランプに関するセルジュ・ガラムの研究。*The Trump Phenomenon : An Explanation from Sociophysics*（2016年8月22日）［https://arxiv.org/abs/1609.03933］.
- ❖ 認知のカスケード現象について。Cass R. Sunstein, *#republic : Divided Democracy in the Age of Social Media*, Princeton, Princeton University Press, 2017.
- ❖ 若い世代の民主主義離れについて。Roberto Stefan Foa et Yascha Mounk, « The Democratic Disconnect », in *Journal of Democracy* 第27巻第3号（2016年7月）.

結　論　量子政治学の時代

- ❖ ポピュリズム的カーニバルの祝祭的・部族的な側面について。Michel Maffesoli, « Gilets jaunes en sécession : les élites désemparées face à l'extrême-peuple », in *Atlantico*(2018年12月24日)［https://www.atlantico.fr/decryptage/3562131/gilets-jaunes-en-secession-les-elites-desemparees-face-a-l-extreme-peuple-michel-maffesoli］.
- ❖ コントロールの重要性について。Leonard Mlodinow, « The Limits of Control », in *The International Herald Tribune*(2009年6月17日).
- ❖ コミュニティが運命をコントロールすることを可能にするシステムとしての民主主義について。John Dunn (dir.), *Democracy : The Unfinished Journey*, Oxford, Oxford University Press, 1992.
- ❖ ベネディクト・カンバーバッチが主演した『ブレグジット EU離脱』(*Brexit : The Uncivil War*)は、チャンネル4により2019年に制作された。
- ❖ ドミニク・レニエによるポピュリズム遺産主義の記述。*Les nouveaux populismes*, Paris, Fayard/Pluriel, 2013.
- ❖ ローズベルトの「ニュー・ポリティクス」の起源を再構築するために。David Colon, *Propagande : la manipulation de masse dans le monde contemporain*, Paris, Belin, 2019.
- ❖ 量子政治学の先駆的なアイデア(インターネット以前のもの)について。Theodore L. Becker (dir.), *Quantum Politics : Applying Quantum Theory to Political Phenomena*, New York, Praeger, 1991.
- ❖ アントニオ・エレディタートの引用はEdoardo Boncinelli et Antonio Ereditato, *Il cosmo della mente : breve storia di come l'uomo ha creato l'universo*(Milan, Il Saggiatore, 2018)より。
- ❖ ジョン・メイナード・ケインズの引用は « Am I A Liberal ? », in *The Nation & Aethenaeum*(1925年8月15日)より。

あとがき

- ❖ チャンドス卿の手紙の引用は、Hugo von Hofmannsthal, *Lettre de Lord Chandos et autres essais*(Paris, Gallimard, 1980, p. 80)より。
- ❖ 極右の逸脱的変容について。Pablo Stefanoni, *La rébellion est-elle passée à droite ? Dans le laboratoire mondial des contre-cultures réactionnaires*, Paris, La Découverte, 2022.
- ❖ 「会計士デイブ」に関するスティーブ・バノンの戯言について。Jennifer Senior dans : « American Rasputin », *The Atlantic*, juillet / août 2022.
- ❖ ジル・グレサーニが「テクノ主権主義」という概念を導入したのは、« Giorgia Meloni n'incarne pas le retour du fascisme, mais l'apparition d'une nouvelle formule politique »(『ル・モンド』、2022年9月21日).
- ❖ マリーヌ・ルペンの新たな穏健戦略に関するラファエル・リョルカの分析。« Pour

répondre à l'archipel français, la campagne-thérapie », in Gilles Finchelstein et Raphaël Llorca, « Contrevenir à la stratégie du rassemblement de Marine Le Pen », in *Le Dossier Le Pen : Idéologie, Image, Électorat*, Fondation Jean Jaurès Éditions (2022年4月).

❖ アンリ・ベルクソンの引用は、Régis Debray, *Supplique aux nouveaux progressistes du xxie siècle*（Paris, Gallimard, 2006, p. 49）より。